都市と瞑想

日常こそが最高の瞑想空間！

成瀬雅春

BAB JAPAN

はじめに

瞑想というと、はるかヒマラヤの深山幽谷で、ヨーガ行者が修行しているというイメージが浮かぶでしょう。しかし、それは瞑想に対する大きな誤解です。

瞑想は、元々人生を生きていく中で、自然発生的に生じたものです。つまり、古来人間は瞑想する必要があったからこそ、瞑想のいろいろなテクニックが開発されたのです。

現代に生きる我々も、瞑想する必要があるのです。……というか、知らない間に瞑想は実践しています。

たとえば「沈思黙考」という言葉があります。悩みや問題が生じたときに、目を閉じて「どうするべきか？」と深く考え込むことです。この行為がすでに、瞑想の入り口です。つまり選択肢が二つ以上生じたときに、頭脳を明晰にして、集中力や洞察力を駆使して正しい選択をするために、瞑想能力が活用されるのです。恍惚状態となって、凡人とは縁のない世界へ入り込むのは、瞑想ではありません。むしろその逆で、あらゆることを明確に把握して、人生のあらゆる難題に対処するのが本来の瞑想です。

だから、瞑想をするためにわざわざ人里離れた深山幽谷に行く必要はありません。都会の真っただ中で瞑想してこそ、本物の瞑想なのです。

瞑想というとつかみどころがないという印象を持たれるかもしれませんが、実は「心の中を整理する」もっとも実践的なテクニックです。瞑想能力が高まると、平常心がつちかわれるだけではなく、ビジネス上の諸問題を解決する方法や、斬新なアイディアなどがどんどん湧いてきます。

なぜなら、瞑想によってつちかわれるのは、集中力、直観力、精神力、判断力、胆力、生命力など、人間として強くたくましくなれるさまざまな能力だからなのです。

本書には、確実に瞑想能力が高まる具体的な方法がたくさん盛り込まれています。多くは、私のヒマラヤでの瞑想体験から練り上げられたものです。そのどれを練習しても覚えた分だけ確実に瞑想能力は高まります。

都会の喧騒の中で実践してこそ、本当の瞑想を得られるのです。あなたが本書で瞑想能力を高め、豊かで実りある人生を獲得されることを切に願っています。

成瀬雅春

２０１８年10月

目次

はじめに……2

第1章 集中力を高めよう！……13

1 集中力を身につける最初の鍵……15
2 認識力を高める……17
3 焦点能力を高める……22
4 集中力を高める歩き方……25
5 電車内で集中力を高める……29
6 呼吸の大切さを知る……32
7 呼吸の観察……33
8 眉間に集中する……35
9 集中移動で集中力強化……39
10 集中移動を整理する……41

11 集中状態を観察する……44
12 集中状態の再確認……47
13 平面や立体の集中にトライする……50
◆コラム1……54

第2章 精神力を鍛えよう！……55

1 満員電車で瞑想能力フル回転……57
2 仕事に対する不満を解消……60
3 嫌な仕事こそウェルカム……64
4 音を聴く基礎練習……67
5 都会に点在する瞑想空間……70
6 徹底的に想念を観察する……74
7 想念の観察を深く考察する……78
8 瞑想の深いレベルへ向かう……82

9　何度も挫折を超える……85
◆コラム2……89

第3章　洞察力を養おう！……91

1　出かける前にチェック……92
2　人間関係を円滑にする洞察力……96
3　洞察力が勝負のインバスケット……98
4　夢を利用した瞑想……99
5　目を閉じた空間をしっかりと把握する……103
6　自分の呼吸の行方を追う……106
7　喫茶店で洞察力を養う……109
8　親しい人との会話……112
◆コラム3……116

第4章 生命力を強めよう！……117

1 都会最高の瞑想室はトイレ……120
2 肛門を締め付ける……122
3 ムーラバンダのレベルを上げる……124
4 目的を持って歩く……126
5 イメージと意識の違いを知ろう……128
6 1分を超えて息を止める……132
7 常識の枠を超えよう……135
8 純粋状態に近づこう……139
9 瞑想が深まるとどうなるのか……141
◆コラム4……144

第5章■描く瞑想
――瞑想イラストと瞑想画のススメ……145

1―思考を介在させない……148
2―白紙にペンで線を描く……151
3―瞑想者を描き入れる……154
4―瞑想者の周囲の処理……157
5―線のバランスを整える……161
6―中央の空間を埋める……163
7―点描瞑想……166
8―瞑想イラストのまとめ……168
9―瞑想画について……170
10―筆ペンで描く……174
11―周辺をボールペンで埋める……175
12―瞑想画と瞑想の共通点……177
◆コラム5……181

終章

都会的瞑想生活……183

1　瞑想が必要な理由……185
2　山積する疑問や問題点……187
3　疑問や問題や障害を見つける……189
4　行動力が必要……190
5　日常生活が瞑想材料……191
6　気持ちよく仕事をするには……192
7　趣味の楽しみ方……193
8　家事と子育て……194
9　喫煙習慣から離れるには……196
10　食生活について……198
11　本当に必要なもの……200
◆おわりに……203

第1章

集中力を高めよう！

「瞑想なんて大都会で動き回っているビジネスマンには関係ない」「仕事と瞑想は接点がない」と思っている人がいるかもしれませんが、そうではありません。瞑想は浮世離れした特別なものではなく、むしろ都会の真っただ中で有効に利用するものなのです。

瞑想能力が身につくと、仕事上のあらゆる場面でその能力が発揮されます。瞑想能力を得ることが、あなたの仕事に驚くほど役立つことを知ってください。もちろん、仕事だけではなく、生活上のいろいろな場面でその能力は発揮されます。

「仕事に身が入らない」「余計なことが気になってしょうがない」「仕事の能率が上がらない」などは、集中力の欠如が大きな原因です。仕事がバリバリできる人間になるには、集中力を高めることが必須なのです。

瞑想によって、まず第一につちかわれるのは「集中力」です。ただ坐って我慢するだけというような集中を欠いた瞑想は、時間の無駄でしかないです。集中力の欠如は、仕事上でも通常の生活上でも、取り返しのつかない事態を招きかねないのです。

しかし集中力があったとしても、いざというときにその集中力が発揮されなければ意味がありません。必要なときに必要な集中力を発揮するためには、ふだんから集中力を身につける練習をしておくべきなのです。

古来インドのヨーガ行者は、瞑想能力を高めるために、さまざまな集中訓練を積み重ねてきました。その集中訓練の多くは、現代人がそのまま使えるものです。集中力を高めることで、都会生活を豊かにしてください。

1　集中力を身につける最初の鍵

考えごとをしたり悩んだり、もの思いにふけるときに人は無意識に目を閉じてしまいます。それは一つのことに集中しようとしたときに自然にでる行為です。

「瞑目して静かに考える」という習慣のある人は、ふだんから精神が安定しているので、精神的な弱さはなくなり、むしろ精神力は強化されます。逆にふだんから視線が定まらなく、いつも目をきょろきょろさせて落ち着きのない人は、精

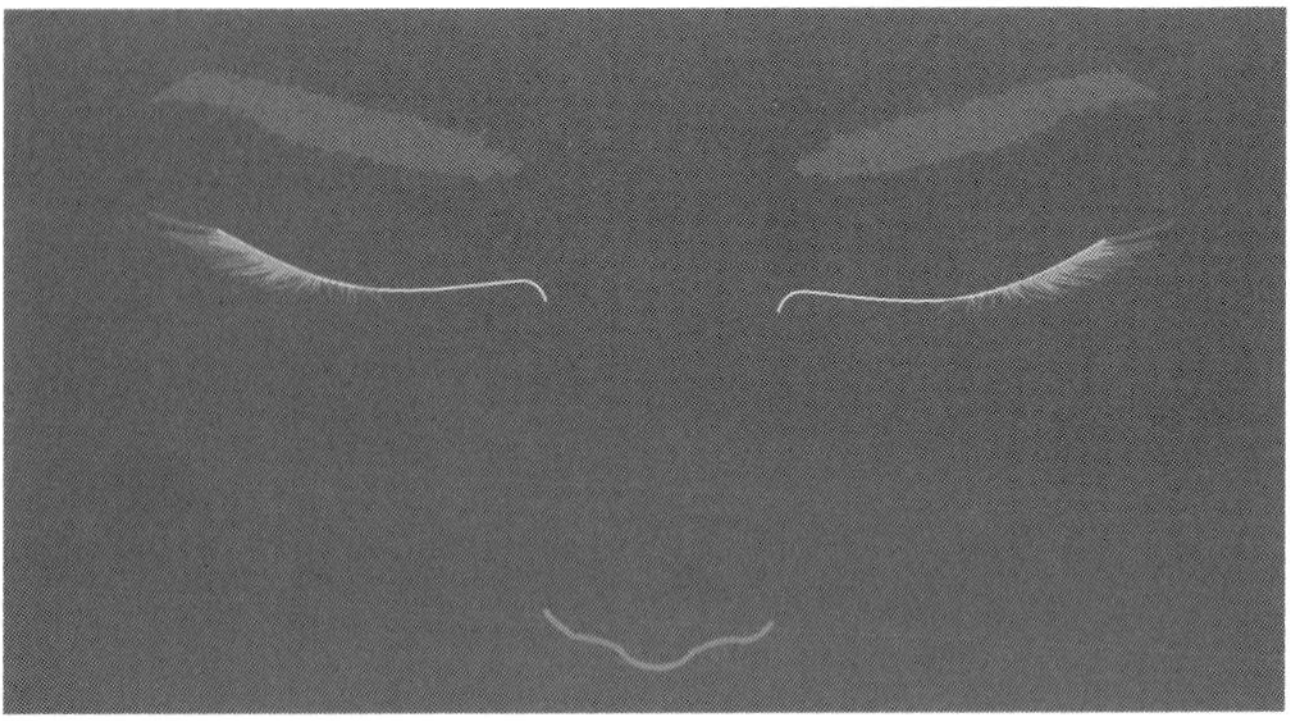

神的にも弱く健康上も問題が生じやすいです。
　呼吸が安定すると心が落ち着くので、あわてたり動揺したりということが少なくなります。ただ単に目を閉じるだけなのですが、それができない人も多いのです。私のヨーガ教室で「ハイ目を閉じてください」といっても、目を閉じられない人がいます。そういう人はもう一度「目を閉じてください」というと、一瞬目を閉じてまた目を開けてしまうのです。つまりマバタキをするだけなのです。精神状態が不安定になると、目を閉じることさえできなくなるのです。
　ここで注意するのは、逆にいつも目を閉じてしまう傾向にある人です。そういう人は内向的になり、対人関係もうまくいきません。その場合には、しっかりと目を開けて現実を見据える練習が必要になります。

いつでも目を閉じることができて、いつでも目を開けることができる人が、集中力があり有能な人材となり得るのです。

目を閉じると何も見えないと考えている人が多いようですが、それは認識不足です。また目を閉じると真っ暗になると思っている人も認識不足なのです。本当に何も見えない真っ暗な状態というのは、おそらく生きていて意識のある間には経験できないのです。

暗闇というのは「暗い闇」が見えているのです。熟睡しているか失神しているか以外のときには、目を閉じても、かならず何か見えているのです。そのことを確認するための説明を続けます。

2 認識力を高める

目を閉じたときに何が見えるかを確認しましょう。もちろん外界は見えなくなるのですが、しっかりと見据えると、色彩や光や模様などが見えるはずです。人によってその見え具合は違うのですが、少なくとも目を閉じた目の前のスペースが確認できるでしょう。そうしたら、そのスペースがどのぐらいの広さなのか、端はどこまででどうなっているのかを確認してください。

これまでの人生でそういうアプローチをしたことがない人もいるでしょうが、目を閉じたときの目の前というのは毎日多くの時間見続けてきている光景なのです。しかも、目を閉じるチャンスは一日の内には無数にあります。中でも数分間何もすることがなく、ただ時間の経過を待つだけというときが絶好のチャンス。

たとえば「喫茶店で注文したコーヒーを待つ間」「駅で電車がくるまでの2〜3分間」「風呂場で入浴しながら」「銀行で受付け番号を呼ばれるまでの間」「トイレで」「映画館や劇場で開演前の時間」「コピー機の前で」「電子レンジで食べ物を温めている間」など、いくらでも考えられます。

そういうときにただ待っているのではなく、目を閉じて目の前のスペースをしっかり観察してください。最初は、あまり判らなくても何回か意識的に見るようにすると、いろいろなものが確認できるようになります。

まず確認できるのは主に、色彩とか光とか模様などでしょう。そういうものが確認できたら、それがどんな色なのか光なのか、どんな模様なのかをしっかり観察してください。

それが確認できたら、つぎに両手で目隠ししてください。目の前の光景が一変してしまいます。目を閉じていても外界の明るさや暗さは判るので、目隠しをすると当然暗くなります。しかしそれでも「真っ暗」でないのは前述の通りです。暗くなっても目の前にいろいろな現象が確認できるので、しっかり観察してください。

念のため目を閉じたまま、両手の目隠しをはず

目を閉じて、両手でその目を覆う目隠し。そこから目を閉じたまま、手をはずし、再び目隠しをする〜という過程での変化を観察する。

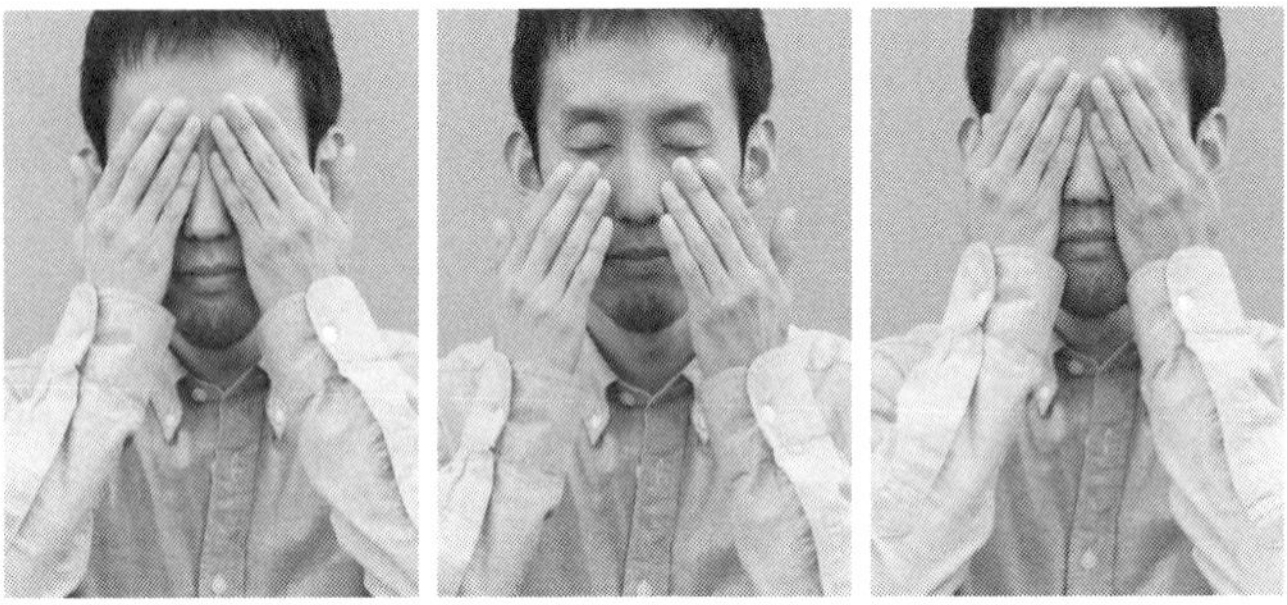

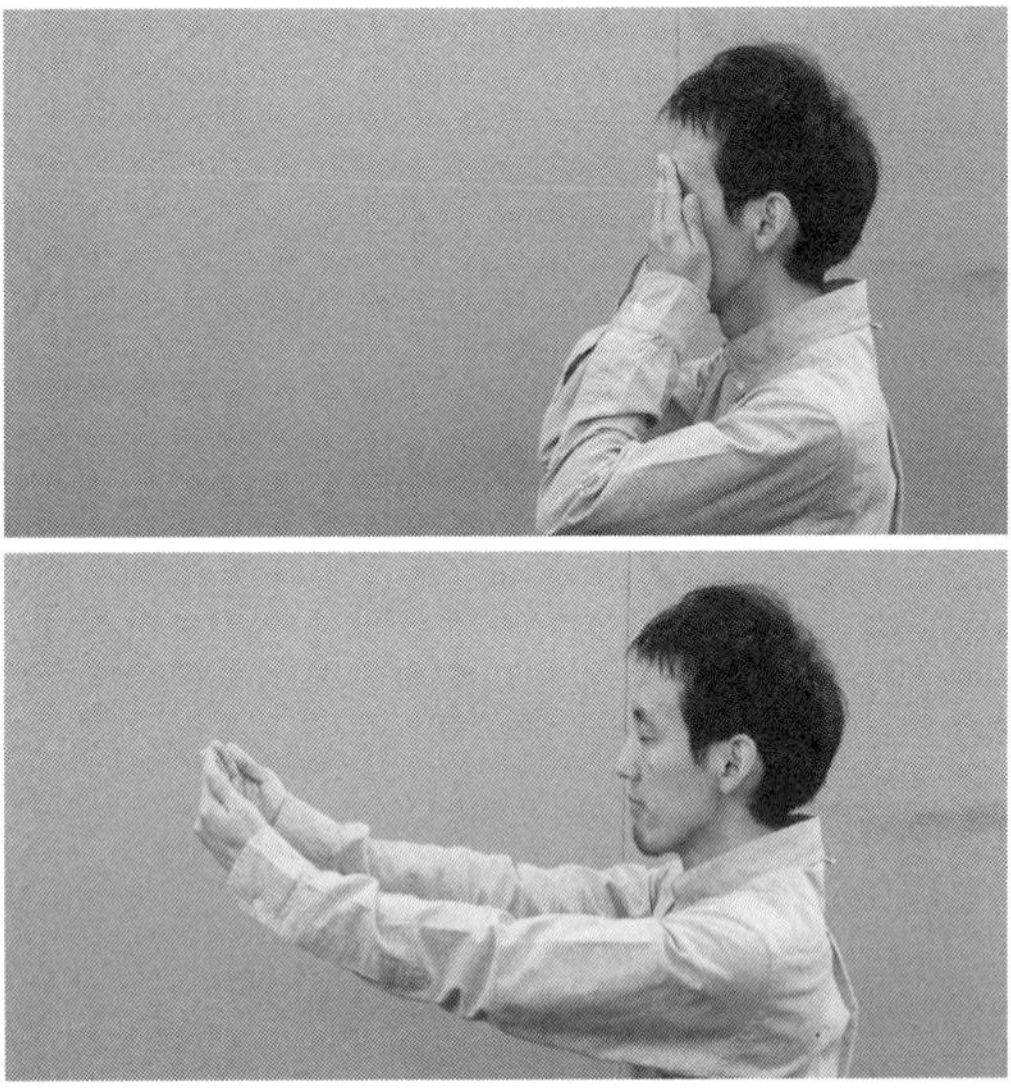

目を閉じて、両手でその目を覆う目隠しの状態から、目を閉じたまま、両手を目からはなしていって腕が伸びきるまで。伸ばしきったら再び近づけていき目隠し状態に。その過程での変化を観察する。

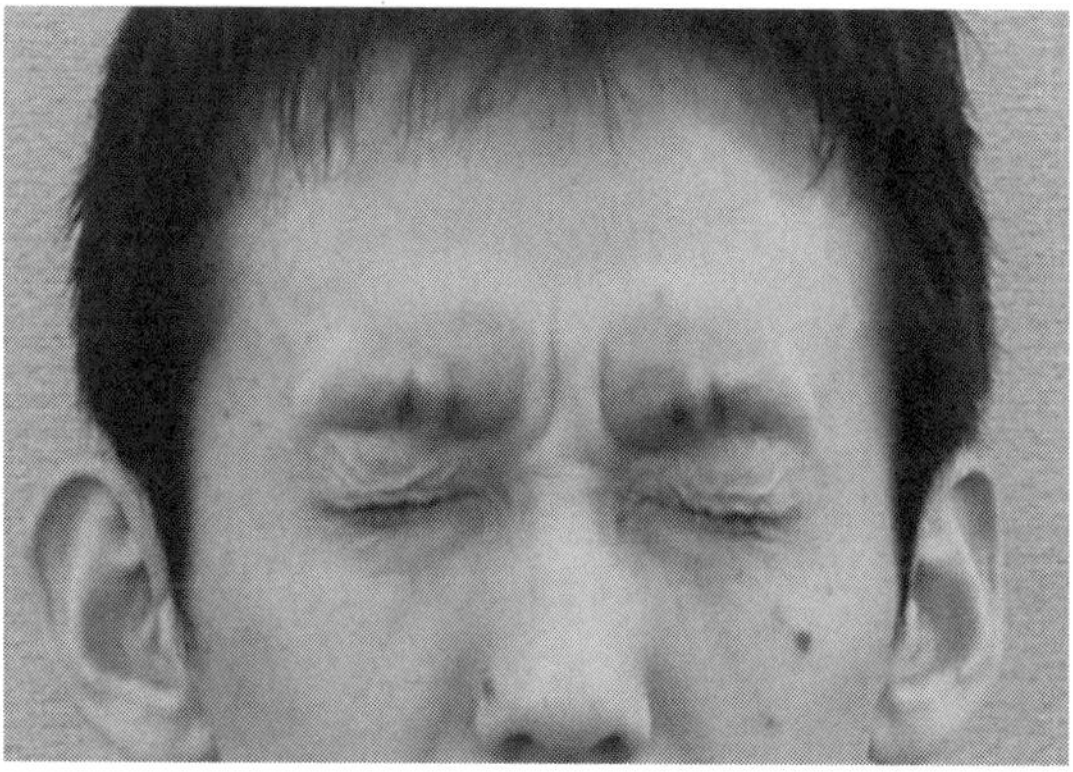

両マブタをぎゅっと閉じてみる。そしてその力を抜いたときの違いを観察する。

してから、もう一度目隠しをしてください。その違いをしっかり観察しましょう。つぎにその目隠し状態から、徐々に両手を顔から離していき、その変化の具合を観察します。両手が伸びきるぐらい離れたら今度は近づけてきて目隠し状態までもってきます。その間の微妙な変化をしっかり観察してください。

同じように、両マブタをぎゅっと閉じたときと、その力を抜いたときの違いを観察します。さらに目を閉じたままいろいろな方向をみるつもりで眼球を動かして、その都度目の前が変化する様子も観察してください。

この、目を閉じて「目隠しをする」「目をぎゅっと閉じる」「眼球を動かす」という3

つの方法で「目を閉じると何が見えるのか」の基本を練習してください。練習するチャンスは前述通りにいくらでもあります。これだけでも、すでに集中力はかなり高められています。

3 焦点能力を高める

日常生活では、漠然と風景を見ていることが多いのですが、その習慣が視力減退の要因になっているのです。歩かなければ足が弱くなるのと同じように、焦点を合わせなければ焦点能力は落ちて視力は弱くなるのです。

たとえば、駅のホームでの待ち時間で広告看板を見たら、漠然と見るのではなく、その中の一つの文字や数字だけを見るようにします。看板全体を見てはだめなのです。一つの文字に焦点が合ったら、すぐに違う看板に目を移してその中の一つの文字に焦点を合わせるようにします。普段からそういう習慣を身につけていると視力が落ちることはなくなり、むしろ視力が上がります。

その習慣は単に視力を上げるというだけではなく、集中力を高めることになります。少なくともスマホを見続けて視力を減退させるよりは、はるかに有効であり健康的です。一つの文字に焦点を合わせられるようになったら、つぎに2ヶ所交互に焦点を合わせます。

まずは両腕を前に伸ばして、親指を立てます。右手の親指に焦点を合わせて、すぐ左手の親指に焦点を合わせる、というのを繰り返します。なんとなく親指を見るのではなく、しっかりと焦点を合わせて、繰り返すようにします。それができていたら、少しずつスピードを上げていきます。

つぎに、目の前に親指を2本重ねて立てて、腕を前に伸ばし、親指を左右に立ててその左右親指に交互に焦点を合わせる。なんとなくでなくしっかり焦点を合わせるようにし、左右切り替えのスピードを少しずつ上げていく。

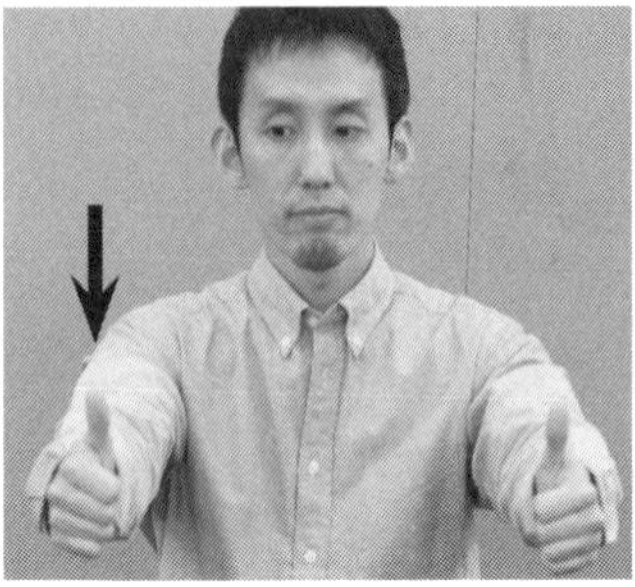

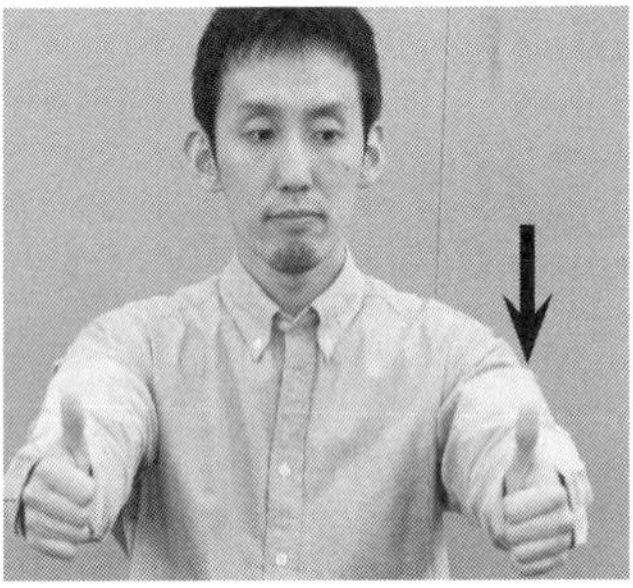

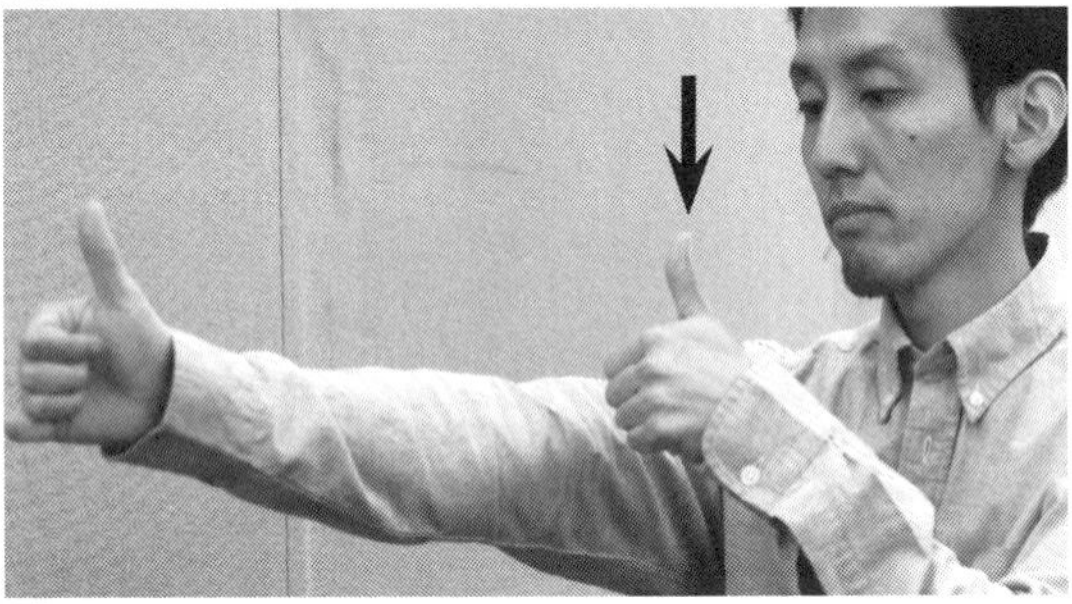

腕を前に伸ばし、親指を重ねて前後に立ててその前後親指に交互に焦点を合わせる。しっかり焦点を合わせるようにして、前後切り替えのスピードを少しずつ上げていく。

交互に焦点を合わせるようにします。遠くの指に焦点を合わせたら、すぐに近くの指に焦点を合わせます。遠く、近く、遠く、近くという具合にして、焦点移動のスピードを徐々に早くしていきます。近視の人は遠くの指が焦点の合う距離にして、近くは顔との中間地点に置くようにします。

また、遠くの景色に焦点を合わせられる人は、そこと顔との間に片手の親指が入るようにして、その2つのポイントで交互に集中するようにします。

それによって、眼筋が鍛えられて視力の低下が防げるし、視力を上げることもできるのです。とくに最近はスマホを見続けている人が多くなっています。そういう人はなおさらこの練習をしてください。

4　集中力を高める歩き方

朝夕の通勤時や買い物に行くときなど目的地まで歩くときに、ただ歩くのではなく集中力を高める練習をしましょう。たとえばスタート地点から目的地までの歩数を数えます。万歩計に歩数を任せるのでは集中力は高まりません。あくまでも自分で数えます。

数え方は右手（または左手）を10の位にして、左手（または右手）を１００の位にして数えます。

１２３４５６７８９10と10歩歩いたら親指を折り曲げ、20歩で人差し指を折り曲げるという要領で50歩で小指を折り曲げ、60歩で小指を伸ばし、70歩で薬指を伸ばすという要領で、１００歩で親指を伸ばすと同時に、もう片方の手（１００の位）の親指を折り曲げます。

慣れれば万歩計より正確に歩いた歩数を測ることができます。この数え方に慣れると、情報の整理能力が増します。思考パターンが整理され、複数の仕事が並行するときでも混乱を起こさずに推進することができるようになります。

朝、家から駅まで歩いて通勤している人は、毎日駅までの歩数を数えるようにすると、その日の体調を知ることができます。それと、この方法を実践すると「スマホ歩き」が回避されるので、事故に遭うことも、自分が事故を起こすことも少

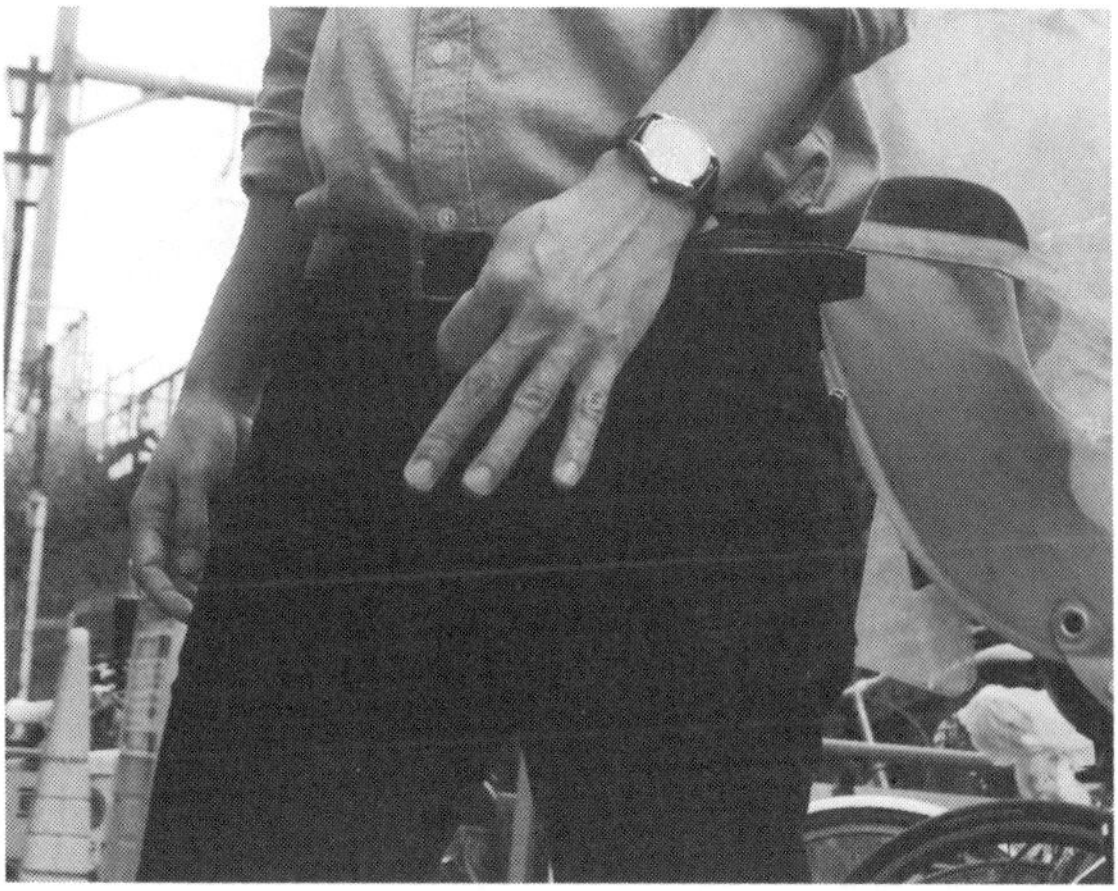

歩数を指折り数えながら歩いてみる。

なくなります。

体調が悪いときや、落ち込んでいるときは、駅までの歩数が増えてしまうはずです。気分のいいときや会社に行くのが楽しいときには、歩数が少なくなります。それは姿勢とも関係があります。胸を張って歩くと歩幅が広がり、逆に肩を落として下を向いて歩くと歩幅が狭くなってしまいます。

常に正面を見据えて前向きに歩くことが、幸運を招き入れる秘訣にもなります。歩く前方をしっかりと見据えると、自分の行く方向の選択がはっきりとします。たとえば雑踏を歩くには、前方からくる

人の群がどういう動きをするかを見切れれば、つぎの一歩をそのまま前に出すか、少し右に出すか左に出すかがはっきりとするのです。それをしっかりと見ていないと、前からくる人とぶつかってしまい、思うように前進できないのです。その見切りをつけるのは集中力と洞察力、瞬間的な判断力などです。

瞬間的な判断力を養うには、歩いているときが適しています。一瞬の迷いがあると目の前の人とにらめっこになってしまいます。その手前で自分からぶつからない方向に回避できれば問題は生じないのです。特に最近は、スマホ歩きしている人が多いので、こちらがしっかりと前を見て歩かないと、思わぬ事故に遭ってしまいます。歩くチャンスは毎日あるでしょうから、そうやって日々集中力を高めることができます。都会ならではの、集中練習です。

5 電車内で集中力を高める

通勤に電車を利用していて、それが苦痛だと思っている人も多いのではないでしょうか。苦痛なまま10年、20年と通い続けるのは辛いです。そのストレスが病気の原因になるかもしれません。そこで、通勤電車を利用して集中力を高める練習をすれば、その苦痛は半減できます。

満員電車に乗ったときに、身動きもできないような車内で数十分間我慢することになります。そこで最初にでてきた集中力を高める方法を思い出してみましょう。

まず目を閉じて「目隠しをする」「目をぎゅっと閉じる」「眼球を動かす」という3つの方法を試すには、満員電車の車内はまさに絶好の練習チャンスなのです。

「目隠しをする」だけは両手が動かせないとできない状態のときもあるでしょうが、あとの2つの方法は誰にも迷惑をかけず、しかも練習している間は、窮屈で不愉快な思いを忘れられます。

ついでにもう一つ加えるならば、外の景色の方を向いて目を閉じるととても面白いです。目の前が明るくなったり暗くなったり、模様が交錯したり光が飛び交ったり、色がめまぐるしく変化するでしょう。こんな面白い光景を見られるのに何年間も見過ごしてきたのではありませんか？　これだけでも明日からの通勤が楽になるでしょう。

座席にゆったりと座ったときには、視力アップを兼ねた集中練習をしましょう。まず黒い色を探してください。広告の模様や文字などから、座っている人の靴の色まで、たくさんあるでしょう。それをどんどん見つけていくのです。視点が移動するたびに、焦点を変えることになるので、視力のアップにつながります。

降車駅まで時間があるときは、赤色、青色、黄色、緑色など、どんどん色を変えていって試してください。あまり使われない色は難しいですが、その方が探そ

窓から外の景色の方を向いて、目を閉じてみる。光がさまざまに変化する様子が感じられる。

座席にゆったりと座ったときに、視界の中の〝特定の色〟を探してみる。視力、集中力アップのトレーニングになる。

うとして集中力を使うので、集中力アップにはなります。

6 呼吸の大切さを知る

生きていく上で大切なものや大切なことは、いろいろあります。

「仕事が大切」「睡眠が大切」「家族が大切」「財産が大切」「食事することが大切」「住むところが大切」「現在の地位が大切」「趣味が大切」など、いろいろあるのですが、これらのなかで「生きていく上」で最も大切なものはあるでしょうか？

それが一日でもなくなったら生きていられないぐらい大切なものは、この中にはありません。

仕事を一日しなくても生きていられます。一日寝ないでも死ぬわけではないです。家族と一日会わなくても大丈夫です。財産が減っても、一日で消失しても、それで命が奪われることはありません。食事は一日ぐらいしなくても問題ありません。住むところが丸一日なくても大丈夫です。現在の地位が一日にしてはく奪されても、死と直結はしません。趣味が奪われても命は安全です。

そういう観点で考えると、最も大切なのは、たった一つ「呼吸」だけです。呼吸は一日どころか、10分以上しなければ、生命の危機にさらされます。それほど大切でありながら、気にかけることなく生活している人が大半です。

生涯し続ける呼吸が、生きる上で最も大切なのだということが判ったでしょう。そこで、自分の呼吸に意識を向けてください。瞑想能力、集中力を高めるために、自分の呼吸を利用しましょう。

7 呼吸の観察

まず、自分の呼吸を確認しましょう。どう確認するのかというと、目を閉じて「今吐いてるな」「今吸ってるな」という確認からスタートします。試しに10呼吸数えてください。「今吐いてるな」「今吸ってるな」という意識をしっかりと持ちながら1、2、3と呼吸数を数えるのです。トイレに入ったときには最適な練習です。

集中力を高めるには、数える呼吸数を増やすといいです。それと同時に、瞑想能力を磨くためには、その呼吸の観察をします。どういう観察をするかというと、吐きから吸いへ移るときと吸いから吐きへ移るときに、ノドの状態がどうなっているかを観察します。

その方法は、ノドに軽く手を当てます。10呼吸する間に、当てている手に動きが感じられたら、その瞬間にノドが動いているのです。その動きが感じられないように注意しながら10呼吸しましょう。それがうまくできるということは、ノドが開いている状態で呼吸をしているのです。もし、ノドが閉じられたら、その瞬間に当てている手に動きが感じられます。

このコントロールができるようになるのは、とても重要なことです。——というのは、歌手、ダンサー、音楽家、アスリート、武道家、アーティストなど、いろいろな分野で活躍している人の能力は「ノドのコントロール」次第なのです。ノドのコントロールが上手な人ほど、得意分野で能力を発揮できるのです。ノドのコントロールは、拙著『呼吸法の極意・ゆっくり吐くこと』（BABジャパン刊）

で詳しく紹介していますので、興味のある方はご覧ください。

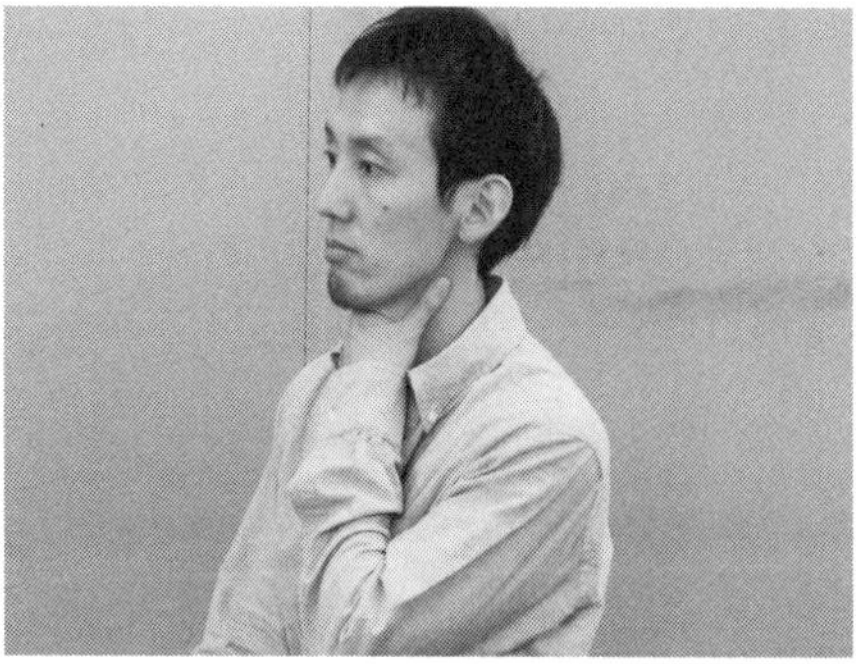

ノドに軽く手を当てて呼吸をする。手に動きが感じられないように呼吸できたら、ノドが開いた状態で呼吸できているという事。

8　眉間に集中する

瞑想のための集中法にはいろいろありますが、「眉間への集中」はその中でも欠かすことのできないものです。眉間は第三の眼、シヴァの眼、智慧の眼、霊眼などと呼ばれていて、仏像やインドの神様絵などの眉間に、突起や眼の形などで表わされています。

少し専門的な話になりますが、眉間はサンスクリット語（梵語）でアージュニャー（命令・号令）・チャクラという名のエネルギーセンターを指しま

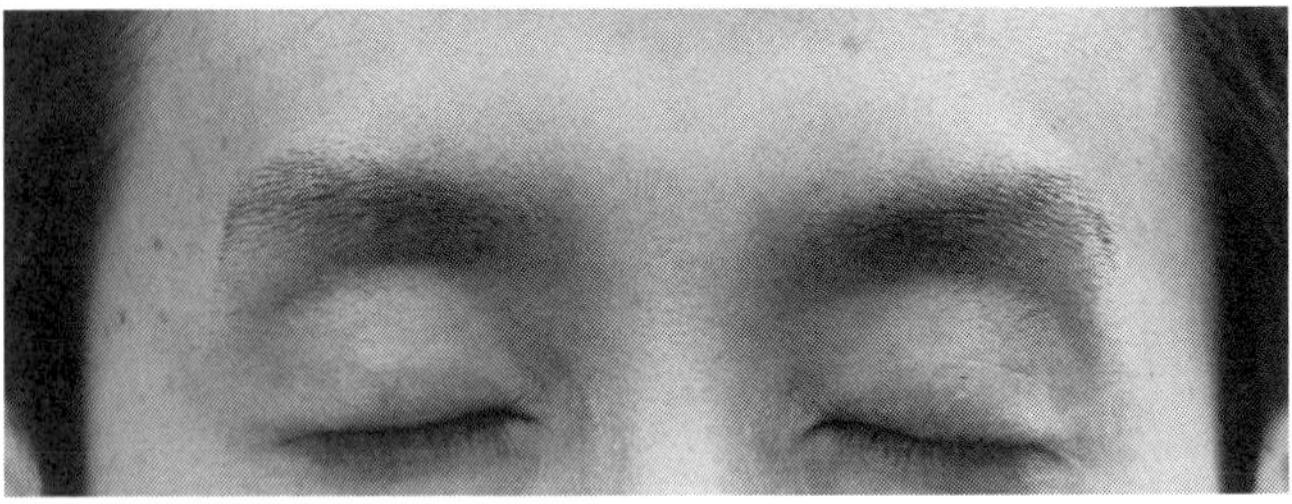

す。チャクラというのは、霊的エネルギーセンターのことで、主なチャクラが身体に7つあるとされていて、その中でも重要なチャクラがこのアージュニャー・チャクラ（眉間）なのです。

眉間は言葉上の意味では眉と眉の間ですが、実際はその少し上です。眉と眉の間に人差し指を軽く当てて、そこから上へ向けてずらしていくと、スッと止まるところです。人によって少しずつズレはあるのですが、眉と眉の間から2センチ（1円玉の直径）ほど上です。

その眉間への集中ですが、まずは楽な坐り方で気持ちを落ち着けます。床に坐っても椅子に坐ってもいいです。ただし、あまり背中が曲がるのは避けましょう。オフィスでパソコンと向き合っていて疲れたときなどはいいチャンスです。トライしてみましょう。

7つのチャクラ

チャクラ（霊的エネルギーセンター）は人体の正中線上に7つあるとされ、とくに眉間の「アージュニャー・チャクラ」は重要とされる。

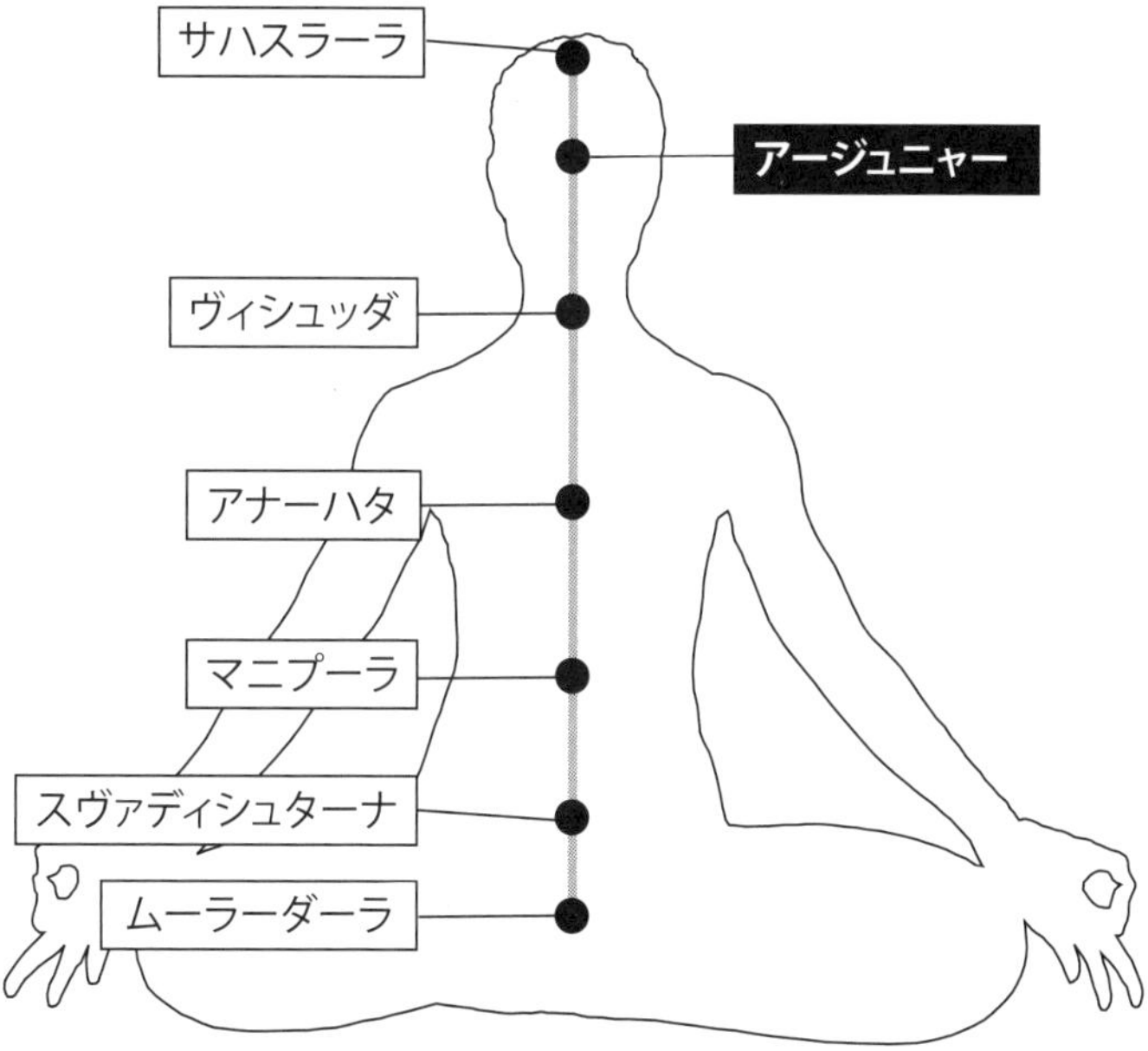

坐り方が安定したら、目を閉じて眉間に集中します。

最初は眉間を見ようとする関係で、眼球が上を向いたり中央に寄ったりするかもしれませんが、集中した感じがつかめればそれでもいいです。慣れると眼球を動かすのではなく、眉間に集中できるようになります。もっとも最初からそういう要領でできる人もいます。

いずれにしても、眉間に集中したことによって「どんな感じが得られるか」をしっかりと確認してください。たとえば、エネルギーの凝縮した固まりが感じられたり、小さな粒のような感じがしたりするケースもあります。むろん、それ以外の感触が得られたら、それでもいいのです。どういう実感があるかは個人差があるので一概にはいえません。大切なのは、何かしらの実感があればいいということです。

逆に何の手がかりもなくて、集中したような気分になっているだけというのは一番まずいのです。それよりは、どんな感覚でもいいから、実感できる感覚があれば、それを手がかりにして、さらに集中を深めていくことができます。

眉間は、身体の中では、比較的集中したという手ごたえを実感できる場所です。

チリチリという刺激があったり、細かくうごめくような感じが得られることが多いでしょう。しかし、そういう感覚が得られなくても心配する必要はありません。集中したときの感覚には個人差があるので、最初はどんな感覚でも構わないので、実感さえあればいいのです。もしどうしても実感がつかめなければ、眉間に爪を押し当てて刺激を与えてから目を閉じ、その刺激を手がかりとして集中するという方法もあります。

9 集中移動で集中力強化

一般的に集中というと、ロウソクを見つめ続けるというのがポピュラーです。いわゆる一点を見つめるという集中法ですが、それ以外にもいろいろな集中法があります。平面に対する集中もあれば立体に対する集中もあるし、同時に複数に集中するのもあれば集中の移動というのもあります。

眉間の集中状態を移動する練習をしましょう。まずはしっかりと眉間に集中してください。この段階で眉間の集中状態が、エネルギーの凝縮した固まりとか、小さな粒のような感じで認識できていれば理想的です。

2分程度集中を続けて、眉間の集中状態がつかめたら、その集中状態をノドに移動します。前述した通り、ノドは身体の中でも重要な場所です。ヨーガでもヴィシュッダ・チャクラという名の、全身をコントロールしている部分です。ノドに集中してどんな感じがするか確認してください。

このときにうまく移動できる人は、移動のルートを観察してみましょう。眉間からノドに移動するのですが、一直線に移動するという感じになる人もいれば、顔の外側を通って移動する人もいるでしょう。またそれとは違うルートをたどるケースもあります。いずれにしても、どういうルートをたどるかを観察してつかんでおくことが大切です。

ここも2分程度集中してから、集中状態を心臓に移動します。ここはアナーハタ・チャクラという名の心臓を司るエネルギーセンターです。ここも集中したという、確かな手ごたえをつかむようにしてください。

最後にまた眉間に集中状態を移動します。このときに、最初に集中したときとの違いに注目してください。同じ眉間でも必ず細かな違いがあるはずです。そして眉間への集中を2分程度続けて、確かな手ごたえをつかめたら終了します。

終了した瞬間に集中状態が消滅してしまえば完璧です。ただし眉間は集中状態が残りやすい部分なので、最初からそうはいかないでしょう。チリチリとした感じが残るかもしれませんが、練習を積めば一瞬で消せるようになります。合計8分程度の集中ですが、なるべく落ち着いてできる環境を選んでください。まあ、帰宅後の自室がベストだと思います。……が、たとえば新幹線で移動中の座席というのも意外といいですよ。

10 集中移動を整理する

① 集中したという実感を伴うこと

集中は、必ず実感を伴う必要があります。そのために、眉間だったら眉間に当たるところを指で圧してみるのもいいです。たとえばノドの場合は、ノドを開閉したり、唾を飲み込んだりすると、そこに触れる感覚があります。心臓だったら、実際に左胸に手を当てて、心臓の鼓動を確認するのも良いでしょう。

② 移動したときに前の場所に集中状態が残らないこと

これは集中が散漫になったり途切れたりしないようにすることです。眉間に100パーセント集中していても、ノドに移動したときに50パーセントが眉間に残っていたら、ノドの集中は半減してしまうことになります。ノドにうまく移動できれば、その瞬間に眉間の集中状態は消え去ってしまうはずです。ノドから心臓への移動も、心臓から眉間への移動も同じです。

③ 集中する場所ごとに集中したときの感じは違う

これは細かな観察力を要求しているのです。集中場所が違えば、その手ごたえも違います。眉間に集中しているときと、ノドに集中しているときでは、集中したときの感じが違って当然です。まったく同じということはありません。その違いが最初は、ほんの少しだけかも知れません。しかし、集中力が身についてくると、あきらかな違いとして感じられるようになります。その感じがはっきりとしたことで、本当の意味で「集中できた」といえるのです。

④ 移動ルートもしっかりと把握しておくこと

これはプロセスをおろそかにしないということなのです。眉間からノドに移動できたとしても、その移動の過程がつかめていなければ、その間は集中できていなかったことになってしまいます。どういうルートを通って移動したのか、冷静に見極めることで、確かな集中になります。

⑤ 終了した瞬間に集中状態を消滅させること

これは、意識の切り替えが重要だということです。集中力というのは、集中する力であるとともに、集中を消し去る力でもあるのです。集中状態を移動させるときも、前の場所に集中が残ってはいけないのですが、最終的に集中を終了させたときには、1パーセントも集中状態が残っていないようにします。完全に集中を消し去るということです。

それによって、集中力も高くなるし、瞑想能力も上がるのです。仕事の合間にやったとしたら、パッと意識を切り替えて、仕事の続きに戻ってください。集中が消え去って、スカッと仕事に戻れるでしょう。

11 集中状態を観察する

集中力というのは、一言で言い表せるほど単一なものではありません。いろいろな要素が組み合わさって「集中力がある」となるのです。ここで、集中状態をどのぐらい「観察」できるかの練習をしましょう。

まず楽な坐り方で目を閉じて、呼吸を整えます。可能な限り繊細な感覚を使いますので、帰宅後のくつろげる時間を利用しましょう。

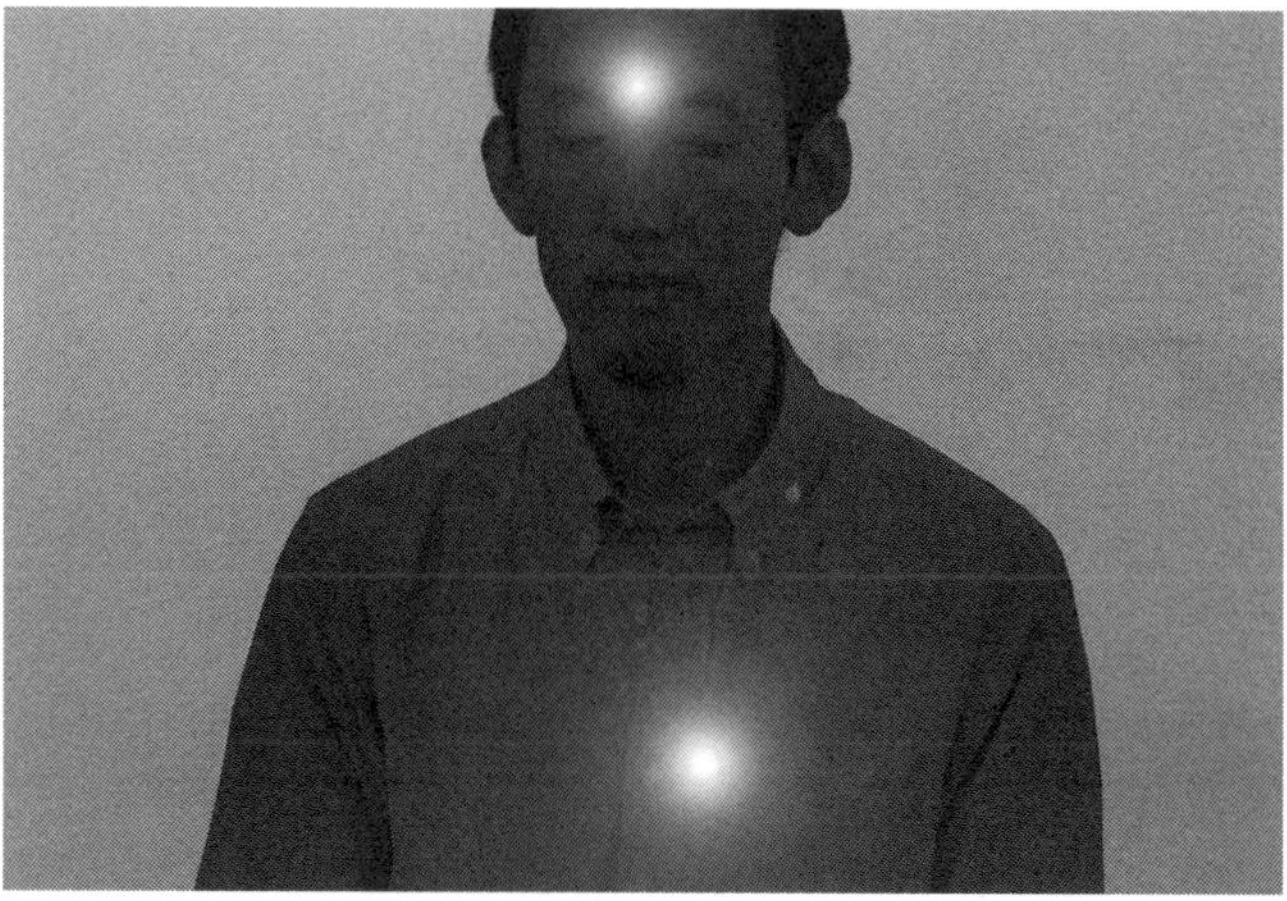

呼吸が落ちついたら、その呼吸に合わせて心臓と眉間の2ヶ所を使って集中の移動をします。
　息を吐くときに心臓に集中し、吸うときには眉間に集中します。無理のない範囲でゆっくりとした呼吸に合わせて、その集中を繰り返します。3分ほど繰り返してみて、終わってから、しっかりと集中できたかどうかをチェックします。終わるまで「他のところ」とか「他のこと」に意識がいかないでおこなえていたかどうかが、最初のチェックポイントです。3分間余計なことを考えずにするだけでも、かなり集中力が必要です。

次に集中がしっかりとできていたら、その間の状態をしっかりと観察できていたかを、チェックしてください。この練習法は、集中といっても単なる一点に集中するのとは違い、観察能力を高めることが重要なポイントです。

最初は「集中できた」と単純に思ってしまうでしょうが、呼吸と集中場所の移動が合わさると、かなり高度な観察能力が必要になってきます。

息を吐くときに心臓に集中するのですが、吐き始めてから吐き終わるまでの集中状態がどうだったかを、思い返してみてください。そうすると、その間集中していたというのは思い出せても、それがどういう集中状態だったかははっきりしないでしょう。

そのことは吸うときにもいえます。吸い始めてから吸い終わるまでの集中状態がどうだったかを思い返してみると、やはりはっきりとしないでしょう。それでも、なんとか思い出すようにしてみてください。

吐き始めた瞬間から心臓に集中できたのか、それとも吐いているうちに、少しずつ集中状態が増してきたのか、吐いている息と心臓の集中状態の関係はどうなっていたのか、などと思い返してみると、ほとんど正確には答えられないでしょう。そして吸うときも、いきなり眉間に集中したのか、少しずつ集中状態がはっきりしてきたのかなどをチェックしてみると、これも正確には答えられないでしょう。

この段階で正確に答えられたとしたら、すでに瞑想の達人でしょう。集中力に限らず、テクニックを使うものは「うまくできない」「はっきりととらえられない」というのを見つけることが重要なのです。できてない部分、はっきりしない部分、判らない部分などを見つけることが、上達への階段なのです。

12 集中状態の再確認

そこで、上達への階段を一歩上るために、もう一度息を吐くときに心臓に集中し、吸うときに眉間に集中してみましょう。無理のない範囲でゆっくりとした呼吸に合わせて、その集中を繰り返します。3分ほど繰り返してみて、終わってからしっかりと集中できていたかということと、その間の状態を観察できていたかどうかを、再チェックしてみましょう。

息を吐き終わって次に吸いに入るまでの間は、心臓に集中していたのか、それとも眉間に集中していたのか、それとも集中していなかったのか、どうだったでしょうか。

そして吸い始めたときに、心臓に集中していた集中状態がどうやって眉間に移ったのだろうか？　瞬時に眉間に移ったのだろうか？　心臓から少しずつ移動して眉間にたどり着いたのだろうか？

瞬時に眉間に移ったのだとしたら、眉間に移った瞬間に心臓の集中状態が消え去ってしまったのだろうか？　それとも眉間に移ったときにはすでに消え去っていたのだろうか？　もしくは眉間に移ったという実感があってから消え去ったのだろうか？

少しずつ移動したと思ったのなら、どういうルートをたどったのだろうか？心臓から眉間までを結ぶ直線上を移動したのだろうか？　体内の違うルートをたどったのだろうか？　または身体の外を通ったのだろうか？　さらに、吸うときと吐くときで、同じルートをたどっているのか？　それとも違うルートをたどっているのだろうか？

移動している間に、一定の集中状態が保たれていたのだろうか？　それとも集中状態が変化したのだろうか？　変化したとしたら、どういう変化があったのだろうか？

まだ、書き出せばいくつも問題点が出てくるのですが、きりがないのでこのくらいにしましょう。

この「集中状態の移動を観察する」というのは、観察能力がつきだすと問題点が山のようにでてきます。集中の練習法としては、非常に内容の深いものなのです。一つのテーマについて問題点を数多く見つけられれば、人生のあらゆる場面で役立ちます。行き詰まってもう手の打ちようがないというときでも、絶対に打開策はあるのです。ただそれに気づくだけの細かな観察力がないだけなのです。あなたは、その打開策を見つければいいのです。

そのためには、徹底的な観察力を身につけておきましょう。ここに書きだしただけでも相当の観察力が必要ですが、さらに多くのチェックポイントを見つけだすようにしてください。

13 平面や立体の集中にトライする

一般的に集中というと「一点に集中する」と思いがちですが、それだけが集中ではありません。たとえば囲碁や将棋のように盤面のすべてに注意を払うのも集中の一つだし、カルタ摂りのように、どこにそのカルタがあったかという記憶力と、瞬間的な反応力とが一緒になった集中というのもあります。また、演劇やダンスなどのように、セリフや振り付けを間違わないようにするという集中もあります。陸上競技の100メートルは、スタートの一瞬に集中して、そこからの10秒間が勝負です。

集中力というのは、何に集中するかで、集中内容が違うので、記憶力、瞬発力、持続力、観察力、精神力、想像力などを含んでいます。いろいろな集中法を試す

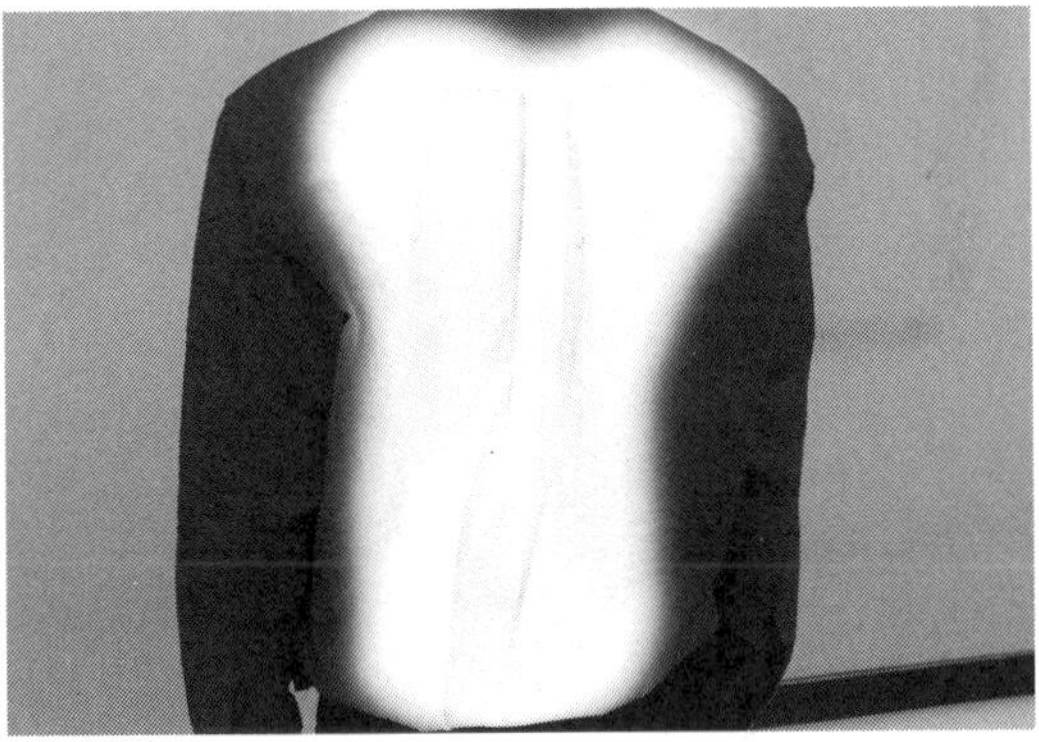

ことで集中力が強化されるのです。
そこで一点にする集中以外の集中法を紹介します。

◆**平面集中法**

最初に背中に集中します。しかし背中は面になっているので一点に集中するというアプローチでは難しいです。そこで「背中に意識を向ける」というつもりでやってください。そして背中に意識を向けた（集中した）ことで、どんな感じが得られるかをつかみましょう。

集中は、具体的な手がかりや実感がなければ意味がありません。集中したつもりになる、というのはだめです。その気になるのではなく、実感することが大切なのです。観察力があれば背中に集中したことで、いろいろな実感が得られます。少なくとも「確かに背中に集中している」というしっかりとした手ごたえがあるはずです。

◆立体集中法

背中に対する集中ができたら、つぎに下半身に集中します。今度は面ではなく立体になるので、背中のときとは違います。この場合も一点に対する集中ではないので、下半身に意識を向ける、というアプローチがやりやすいでしょう。

このときに、それまでの集中場所である背中に意識が残っていないようにしましょう。下半身に意識を向けたことで得られる感覚を大切にします。それが具体的にどんな感覚なのかは、個人差があるので一概にはいえません。本人が実感として捉えられていればいいのです。

つぎに、その集中状態を上半身に移動します。うまく移動できるといいのですが、だめなら改めて上半身に意識を向けるようにしてください。そして上半身に意識を向けたことで、どんな感じがするかをしっかりと観察します。下半身に向けたときとでは、あきらかに違うはずです。

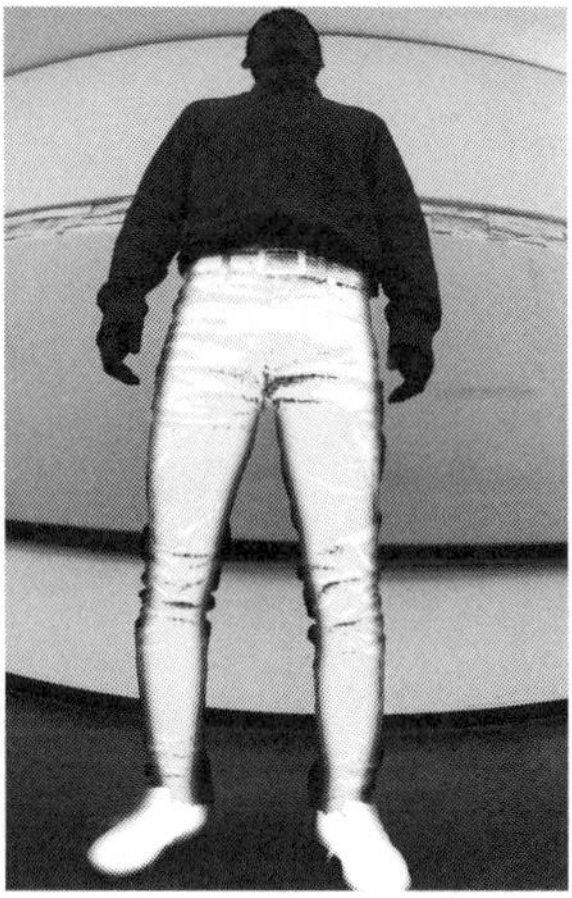

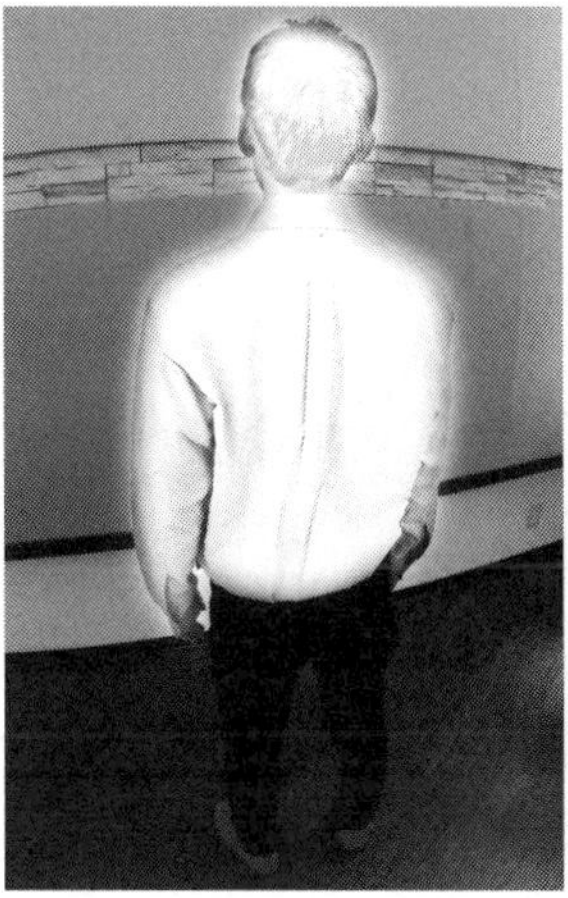

そして最後にもう一度背中に集中します。このときに立体的に捉えていた感覚が面になるので、手ごたえが違うのが感じられるでしょう。また最初に背中に集中したときと最後に背中に集中したときの違いもしっかりと観察してください。

それぞれの集中場所での観察時間は2分程度でいいでしょう。集中状態を実感できたかどうかが大切ですので、時間は多少長くなっても、しっかりと実感できてから、つぎの場所へ移動してください。

集中したような気になる、というのではだめです。必ず実感を得るようにしましょう。

コラム 1

テレビや舞台、映画などで演じている俳優は、当然集中力があります。役になりきって、その場面に入り込んだときの役者は、ほとんどマバタキをしません。マバタキの回数が多いのは、心が動揺しているときや異常に緊張しているときです。適度にマバタキをしているのは、リラックスしているときです。役の中に入り込んで、重要なセリフが続いているときには、ほとんどマバタキをしないです。

1991年6月に「JI・KU」（於：早稲田銅鑼魔館）というパフォーマンスをしました。そのとき、前半後半で約30分ずつのパフォーマンスをしたのですが、30分間ほとんどマバタキをしなかった、と観客の人から聞きました。私はそういう意識をしていたのではないのですが、少なくとも集中状態を保っていたことは確かです。

その後「舞い瞑想」と名付けて、パフォーマンスを何度もしましたが、やはり、30分程度はほとんどマバタキをせずに演じていました。その「舞い瞑想」はヒマラヤのゴームク（標高4000m）で危険な岩の上で実践してきましたが、このときもおそらくはマバタキをしてなかったと思います。

第2章

精神力を鍛えよう！

「今日は会社に行きたくない」「通勤ラッシュがいやだ」「上司と顔を合わせるのも苦痛だ」などと思うのは、精神力の弱さからくるのです。ほんの少し精神力が強くなれば、そういう思いは消え去り、前向きにものごとを考えられるようになります。

瞑想能力の向上は強靭な「精神力」をつちかいます。ただ単に1時間坐り続けるだけでもそれなりの精神力は要りますが、その間、平常心を保ち集中し続け、洞察力を磨き、意識を拡大するといった瞑想のテクニックを駆使するには、かなりの精神力が必要です。

その精神力を鍛えるには、1時間坐り続けるのではなく、3分とか5分の時間を利用するのがベストです。長い時間をかけても、その間、我慢しているだけだと、意味もないし無駄な時間の使い方となってしまいます。

精神力は、都会の日常生活の中で鍛えるのが、最も効率がいいのです。都会生活の中で瞑想ができるようになると、何ものにも動じない強靭な精神力を得ることができます。

1 満員電車で瞑想能力フル回転

満員電車で毎日通勤するのが嫌だから会社を辞めてしまった、という人は精神力が弱いです。確かに満員電車は誰でも嫌です。人前で「満員電車が楽しい」などといったら痴漢に思われてしまいます。しかし、瞑想のテクニックを利用すれば、嫌なはずの満員電車も楽しくすることができます。

満員電車内では、目を閉じて嫌な時間をやり過ごそうとする人を多く見かけます。満員電車内ではスマホを出すスペースもないでしょう。見るものがなければ目を閉じるしかなくなりますが、それは自分の内側に逃げ込む行為です。しかし、せっかく自分の内側に意識を向けたのなら、そこで瞑想をしましょう。

四方から圧されてつぶされそうになったときに、ちょっと意識を変えてその圧力を水圧だと思ってください。スキューバダイビングの経験者ならすぐに判るでしょうが、水深が深くなるほど圧力が加わってくるのです。経験がなくても、こ

の際周囲の人が協力してくれていると思って、ダイビング体験をしてください。そうすると、目を閉じている目の前にカラフルな熱帯魚の群れが通り過ぎるのをイメージできるでしょう。電車が揺れた瞬間、マンタがそばを通り過ぎるのを感じられたかもしれません。

その要領でついでにスカイダイビングにも挑戦しましょう。顔が圧しつぶされるほどの超満員電車です。上空3000メートルから大空へ飛び出しました。身体も顔も風圧で圧しつぶされそうです。四方からぎゅうぎゅう圧されても、周囲の人が「風圧係り」をしてくれているの

だと思えば楽しいでしょう。

今度は花畑で寝転がってください。身動きもできないぐらい満員ですから、大地に寝転がったときのように多少力を抜いても、周囲の人が支えてくれていま す。満員電車のムッとするような熱気は、そのまたくさんの花に埋もれたときのムッとする花の香りに変えましょう。

ちょっと意識を変えて、ぎゅうぎゅう圧してくる周囲の人も協力者だと思えば、嫌な気分にならずに過ごせます。さらに瞑想能力が向上すれば、豪華客船の甲板で日光浴を楽しむこともできるし、ヒマラヤ山中で瞑想に耽ることもできます。

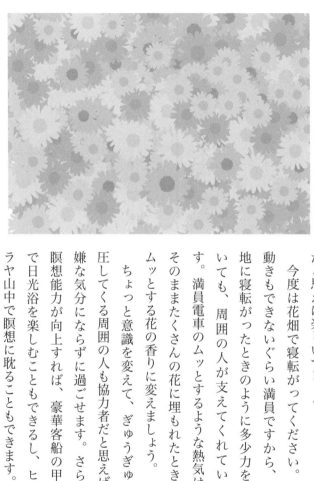

今日はハワイのリゾート海岸でシュノーケリング、明日はナイアガラ瀑布で滝の水圧と風圧を感じ、明後日はアルプス山頂からスキーで滑降と世界中どこへでもいけるのが瞑想の特徴です。

スキー、スケート、ジェットコースター、パラグライダー、バンジージャンプ、サーフィンなどは満員電車向きでしょう。

こんな風にちょっと意識を変えるだけで、満員電車通勤の苦痛から解放されます。これだけでも、間違いなく精神力は鍛えられます。

2 仕事に対する不満を解消

自分の仕事に満足している人ばかりではないでしょう。現在の仕事に不満を抱きつつ、しかたなしに毎日出社しているという人も多いと思います。そういう不満を抱いたまま何年も経ってしまい、今後も、そのまま惰性で仕事を続けることになるだろうと考えている人は、ここでその不満に注目してみましょう。

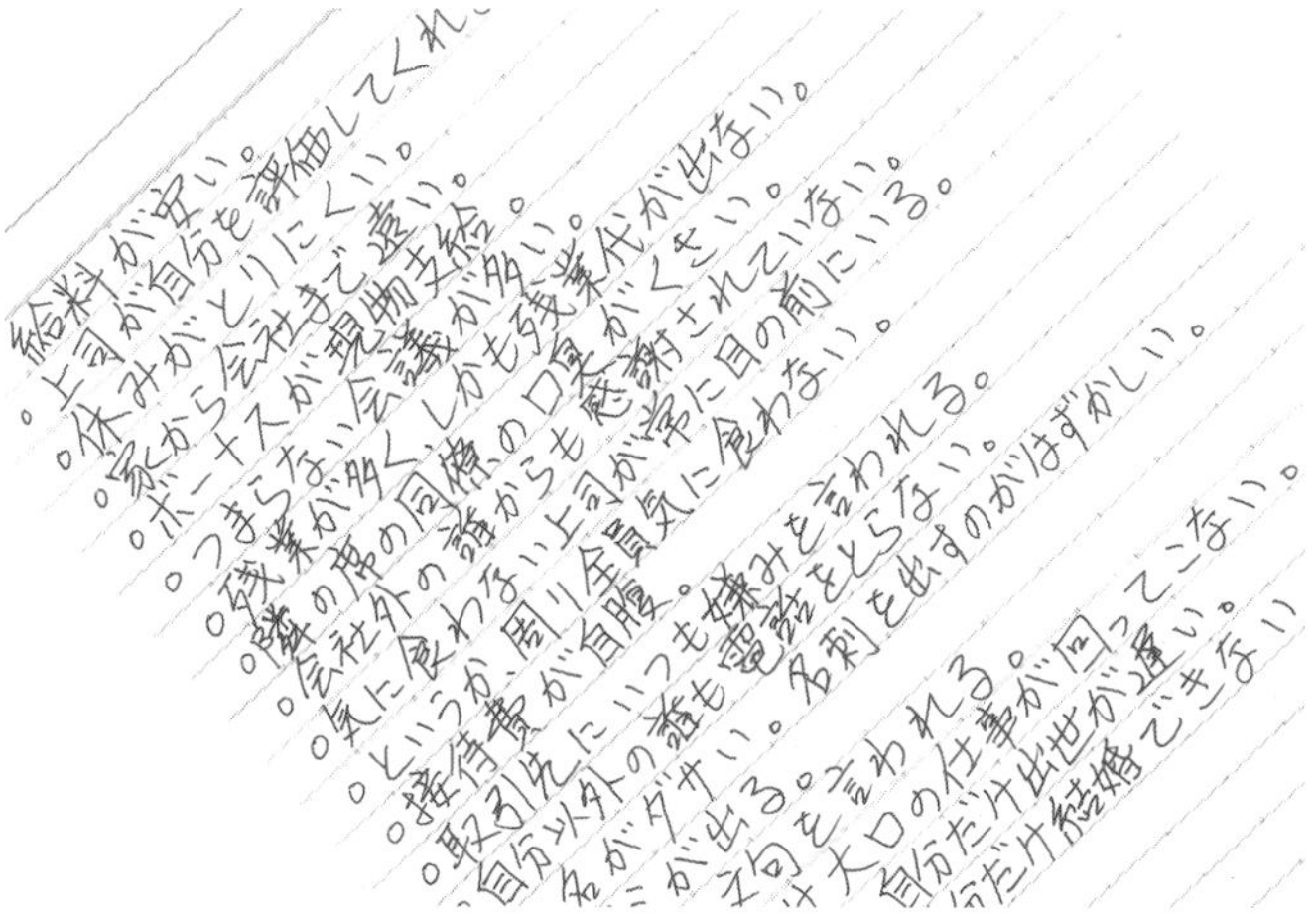

まず、自分の仕事に対してどうして不満なのか、その理由をノートにすべて書いてみましょう。あまり時間をかけずに、頭に浮かぶまま箇条書きにします。できれば不満のすべてをぶつけるつもりで書き出してみて、せめて2けた（10以上）ぐらいリストアップしましょう。

リストができたら、その理由が本当の理由か、一番確信がもてるのはどれかを、じっくりと考えてみます。どういう制約、理由があるために不満なのか、その原因をさまざまな角度から検討します。

たとえば上司が気に食わないとしたら、その原因は上司にあるのだろうか？

仕事内容に不満があるとしたら、それは誰のせいなのだろうか？　勤務時間が長くて嫌だとしたら、どうすればいいのか？　給料が安いのが不満だとしたら、それは誰のせいなのだろう？　通勤時間が長くてうんざりしているとしたら、どうすればいいのか？　仕事が忙しくて嫌だとしたら？　仕事が暇すぎて嫌だとしたら？　取引先に嫌な奴がいるとしたら？　などなどたくさんでてくるでしょう。

そうしておいて、そういった制約、原因を生み出しているのは誰だろうか、と考えてみましょう。確かにさまざまな制約は存在しています。不満の原因はいろいろあるでしょう。お金がないから、才能がないから、勇気がないから……。原因や理由はいくらでも浮かんでくるでしょう。

そういう理由や原因をつきつめていくと、結局自分自身に原因があることが判ってくるのです。

上司が気に食わないのは自分なのです。仕事内容に不満があるのは自分です。勤務時間が長いのが嫌だと思っているのは自分なのです。給料が安い原因は自分の能力にあるのです。仕事が忙しくて嫌なのも、仕事が暇すぎて嫌なのも、取引先に嫌な奴がいるのも自分がそう思っているのです。

そのことがつかめたら、発想の転換をするべきです。さまざまな不平不満をいう自分について改めて考えてみましょう。

自分を突き放して客観的に見るようにします。冷静に自分自身を観察するのです。不満が湧き起こったときは、たいていは自分を見失っています。そういうときには自分の立場から離れて、上司の立場や会社側の立場に立ってみてください。意外と自分がぶつけようとした不満のほうが、理屈に合わなかったり、手前勝手だったりするのです。

上司の魅力的な点や、自分が上司に嫌われるようなことをしていないかなどをチェックしてみましょう。仕事内容をもっとよくできるか、楽しくできるかなどをチェックしましょう。給料を上げて貰えるように自分の能力アップの努力をしましょう。自分の仕事を楽しくやりがいのあるものにすれば、長時間勤務も苦痛ではなくなるでしょう。

現実的にはすべてこんな風にはいかないでしょう。しかし、少なくとも不平不満の原因が外にあるのではなく、自分の中にあると思えば、自分の努力で解消できるのです。その習慣が身に付くだけで、知らずしらず精神力の強い人間になっています。

3　嫌な仕事こそウェルカム

仕事というのは、楽しいものや楽なものばかりではありません。むしろつらい仕事や避けたい仕事の方が多いという人もいるでしょう。誰もが敬遠する仕事でも、結局誰かがやらなければならないのだとしたら、むしろ積極的に「私がやります」と手を上げてその仕事をやりましょう。

避けるようにしていたのに結局指名されてしまい、嫌々ながら仕事をおこなうのだったら、最初から積極的にやってしまった方が自分も楽だし、周囲からの評価も上がります。

また、あなたが嫌だと思っている仕事が、本当に嫌な仕事なのかもう一度考え直してみましょう。もし、あなたがやりたくないその仕事をハローワークに行って「私の代わりに誰かしませんか」と声をかけたら、おそらく大勢の人が寄ってきて、その仕事を取り合うことになるでしょう。

そうだとしたら、その仕事は本当の意味で嫌な仕事とはいえません。いくら大金を積まれても、誰一人としてやろうとしないような仕事ならば、本当に嫌な仕事だと思います。しかし、普段会社で仕事をしている中で「嫌だな」と思う仕事というのは、少し我慢すれば済む程度のものでしょう。

そう考えれば、気軽に「私がやります」ということができるのではないですか。そういう姿勢が生まれれば、それまで嫌な仕事だと思っていたものが、案外嫌でもなくなり、むしろその仕事の中に楽しさを発見するかもしれません。ほんの少し視点を変えたり、意識を変えるだけで楽になるのです。そういう柔軟な思考は、瞑想の中から生まれます。

そこで、嫌な仕事ベスト5というリストを作ってみてください。自分がたずさわっている仕事の中で、一番嫌なものから5番目まで書き出してみます。そうすると、案外5個もないかもしれません。それでも何とか5番目まで書きだしてみましょう。

そうしておいて、会社で実際に3番目に嫌な仕事が回ってきたら、一番嫌な仕事と比較してください。それよりは楽だと考えるようにすれば、嫌ではなくなり笑顔で受けられるでしょう。2番目までの嫌な仕事はすべてそれで解決できます。もちろん一番嫌な仕事も回ってきます。そのときは失業中にハローワークでその仕事と出合ったと思うのです。そうすれば一番嫌な仕事でさえも、よろこんで取り組めるでしょう。

そうして仕事をこなしていれば、社内での評価も上がるし、通常の仕事が、それまでより楽にできるようになるのです。楽だとか嫌だとか苦しいといったことは、相対的なものです。嫌だと思っていたことより、さらに嫌なことがでてきたときに、それまで嫌だったものが楽になるのです。

4 音を聴く基礎練習

瞑想をするときに、聞こえてくる音が邪魔だから排除しようと思うと、瞑想はうまくいきません。どんな静かな場所で瞑想をするにしても、必ず音はあります。――というか完全に音がない場所では瞑想はできません。無響室という音の反響がまったくない部屋で瞑想をしようとすると、短時間の内に落ち着かなくなり、やがていたたまれなくなり、瞑想をするどころか、一刻も早くその部屋を出よう

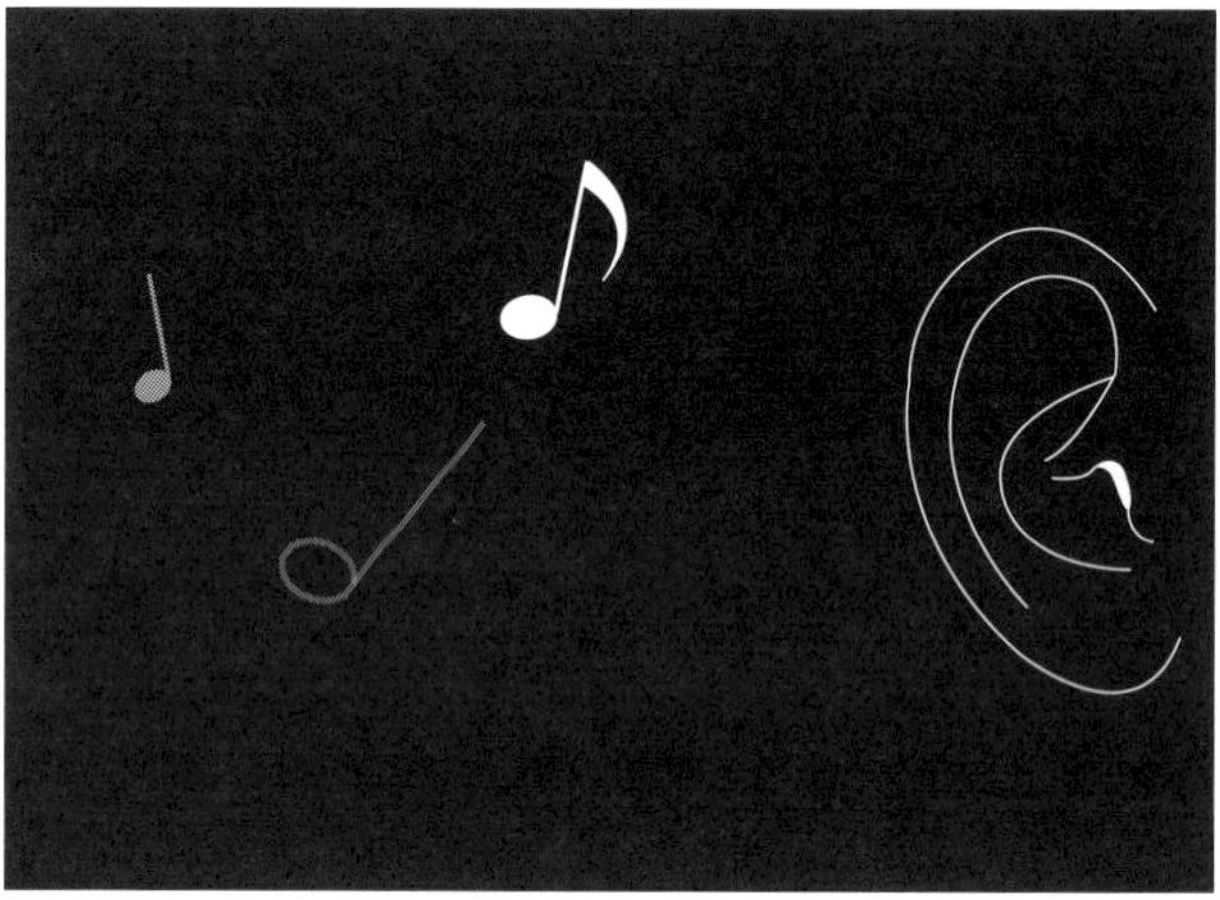

とすることになってしまうでしょう。
音がまったく聴こえないという障害を持っている人は別として、一般的な生活は音に頼っている部分が多いのです。私たちはその聴こえてくる音の中で、ごく自然に自分に必要な音を選んで生活しています。聴きたくない音は聴かないようにしているし、聴きたい音はしっかりと聴き取るようにしているのです。
深山幽谷で瞑想にふける、というのも音がないからではなく、むしろいろいろな音が溢れているから瞑想しやすいのです。もしまったく音がないとしたら前述通り瞑想を続けられないでしょう。

そこで、瞑想を始めようとするときには、まず最初に「音を聴く」ことがキーポイントになります。音を無視することはできないので、むしろ積極的に聴きとるようにします。それも、通常は自分の趣味や嗜好で選択している音を、いっさいの選択なしに聴きとるようにします。ふつうなら聴き逃してしまうような音もしっかりと探し出し、冷静に聴きとるようにします。

そして、どんな音が入ってきても動揺しないように心がけます。音の内容によって心が動かされるようでは、よい瞑想を期待することはできません。どんな種類の音でも淡々と聴きとるようにします。

あらゆる音を聴きとることができるようになったら、今度はその音を、瞑想に役立てるようにします。

音が聴こえてきたら「音が聴こえることによって、自分の気持ちが落ち着く」という意識を持つようにします。そうすると、いろいろな音が聴こえてくればくるほど、気持ちが落ち着く方向へ向かいだします。

その要領でさらに音を聴きとるようにします。そして、実際に気持ちが落ち着いてくるのが実感できればいいでしょう。たとえどんな音が聴こえてきても動揺せずに、気持ちを落ち着けていられるようになれば、この練習法は成功です。

たとえば救急車のサイレンが聴こえたときに、淡々と聴きとることができずに「うるさいな」とか「何があったのだろう」などと心が動揺するかもしれません。その場合、聴こえる音をすべて肯定的に捉えるといいのです。救急車に用があるのが自分だとしたら、サイレンが聴こえることで安心して、気持ちが落ち着くことになります。

5 都会に点在する瞑想空間

私は毎年ヒマラヤで修行を続けていましたが、標高3000メートルのガンゴーットリーで坐って瞑想したときに、文句なくスッと深い瞑想に入れてしまったのです。それは聖地だからということもあるのですが、ガンジス河源流の河と滝の音が作用していたのです。河岸にいると大音量ともいえる轟音が響き渡り、

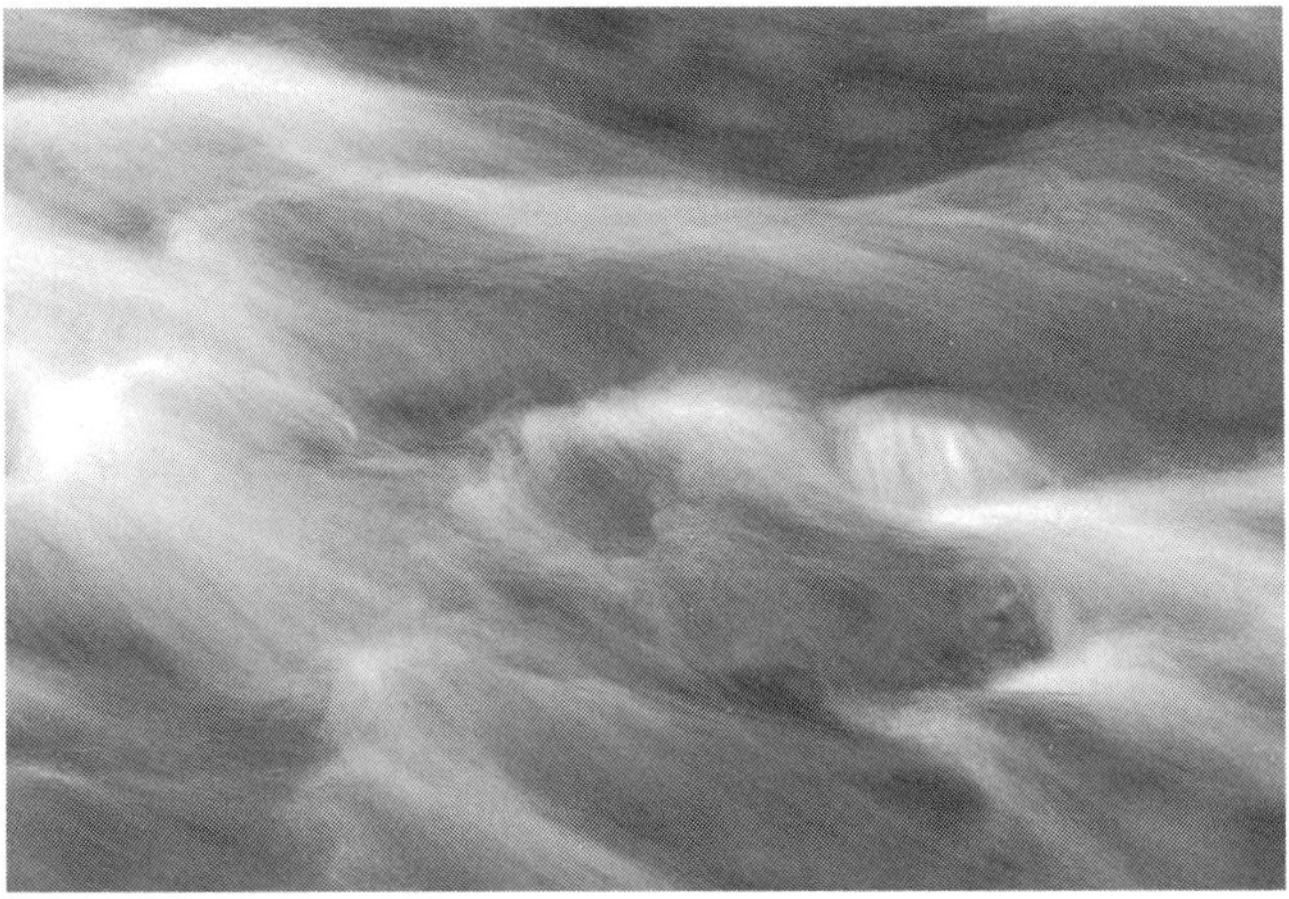

私をすっぽりと包み込む。少なくとも大音量に心が乱されたりしなければ、こんなに瞑想に適した環境はないでしょう。つまり、外の世界に意識を向けようとすると、聞こえるのは河の音だけであり、特別何かに集中しようとしなくても、轟音に包み込まれているので、ごく自然に集中状態に入り込めるのです。

また標高4000メートルのゴームクも、私が起居するすぐ脇をガンジス河源流が流れていて、一日中河の音が響いています。ゴームクは氷河と河と岩以外何もない環境なので、どこに坐っても最高の瞑想空間で、しかも河の音が瞑想効果

を高めてくれるので、深い瞑想体験が得られるのです。
　こういうことをいうと、聖地が瞑想にいい環境なのは判ったけれど、都会で暮らしているビジネスマンには、あまり関係のない話だと思われるかもしれません。しかし、音が響いているという条件で、同じような環境を考えてみると、都会にもかなりあるのです。
　たとえば高速道路の脇やパチンコ店内、電車が通過中のガード下、ディスコやコンサートホール、サッカー観戦、雑踏の喧騒など、他にもいくつも考えられるでしょう。

こういう、音の洪水が渦巻いている場所が瞑想に向いているとは、普通は考えないのでしょうが、私の経験からすれば、静かな環境よりも、むしろ瞑想に向いているのです。

倍音声明という、母音を発声し続ける瞑想法があります。私が指導している方法では、多人数で声を出すので、音が渦巻くことになります。自分たちが発声することで生じる音に包まれての瞑想は、非常に気持ちいいので、はまってしまう人も多いのです。倍音が生じることで、いろいろな音が聞こえてきます。太鼓、フルート、賛美歌、般若心経、シンセサイザー、雅楽など、そこで出されていないいろいろな音が聞こえてくるのです。どんな音が聴こえてきても不思議ではないので、淡々と音を聴き入れるようにします。興味のある方は、拙著「心身を浄化する瞑想『倍音声明』CDブック」(マキノ出版)をご覧ください。大勢で声を出しているCDが付いていますので、それに合わせて体験できます。

聴こえてくる音は、すべて聴き取るようにするのが瞑想の基本です。あるとき、倍音声明参加者から「カメラのシャッター音がうるさくて瞑想にならない」と文句をいわれたことがありました。その程度の音で瞑想できないようでは、木々の揺れる音や鳥のさえずり、滝の音や小動物の走る音などで渦巻いている深山幽谷での瞑想はできません。

瞑想は音があるからやりやすいのです。聞こえてくる音はすべて聴き取るようにして、自分の瞑想に役立てるようにしましょう。そういう姿勢で瞑想するならば、都会生活の中でも、いくらでも瞑想チャンスと瞑想環境はあるのです。

仕事でストレスが溜まったときに表へ出て、車の音や人声などを利用して、ほんの少しの瞑想タイムを取って、気分を一新して仕事に戻れば、仕事力も高められます。またアイデアが煮詰まってしまったときに、自席で目を閉じて、社内で起きている人の声や電話の音、書類をめくる音やパソコンのキーボード音などをバックに瞑想してください。

6 徹底的に想念を観察する

瞑想は自分の心の中を整理して、自分を知る作業です。専門家だけの特殊なものではないし、怪しげなものでもありません。

瞑想を始めようとするときに、最初に目を閉じて坐ると、何かしらの想念が湧き起こってきます。それは誰にでもあることです。その想念が「雑念」だという解釈をすると、何とか排除しようとしますが、排除できずにむしろ雑念の嵐が吹き荒れてしまいます。そうすると、結果的に瞑想はうまくいきません。

そうではなく、湧いてくる想念はそのままにしておくべきです。いつどこで瞑想をするにしても、必ず想念は湧いてくるので、それを排除しようとしてはいけません。「雑念」という言葉は、自分にとって無駄な想念だという気持ちがあるからでてくるのです。もし湧いてくる想念が無駄なものではなく、自分にとって有効なものだと考えれば、それはもう雑念ではなく、必要な想念ということになります。どうしても湧いてくるのだから、無駄だと考えるよりは、有効なものだと考えた方がはるかにいいのです。

瞑想をするときに、湧いてくる想念がよくないとか無駄だ、という先入観が生

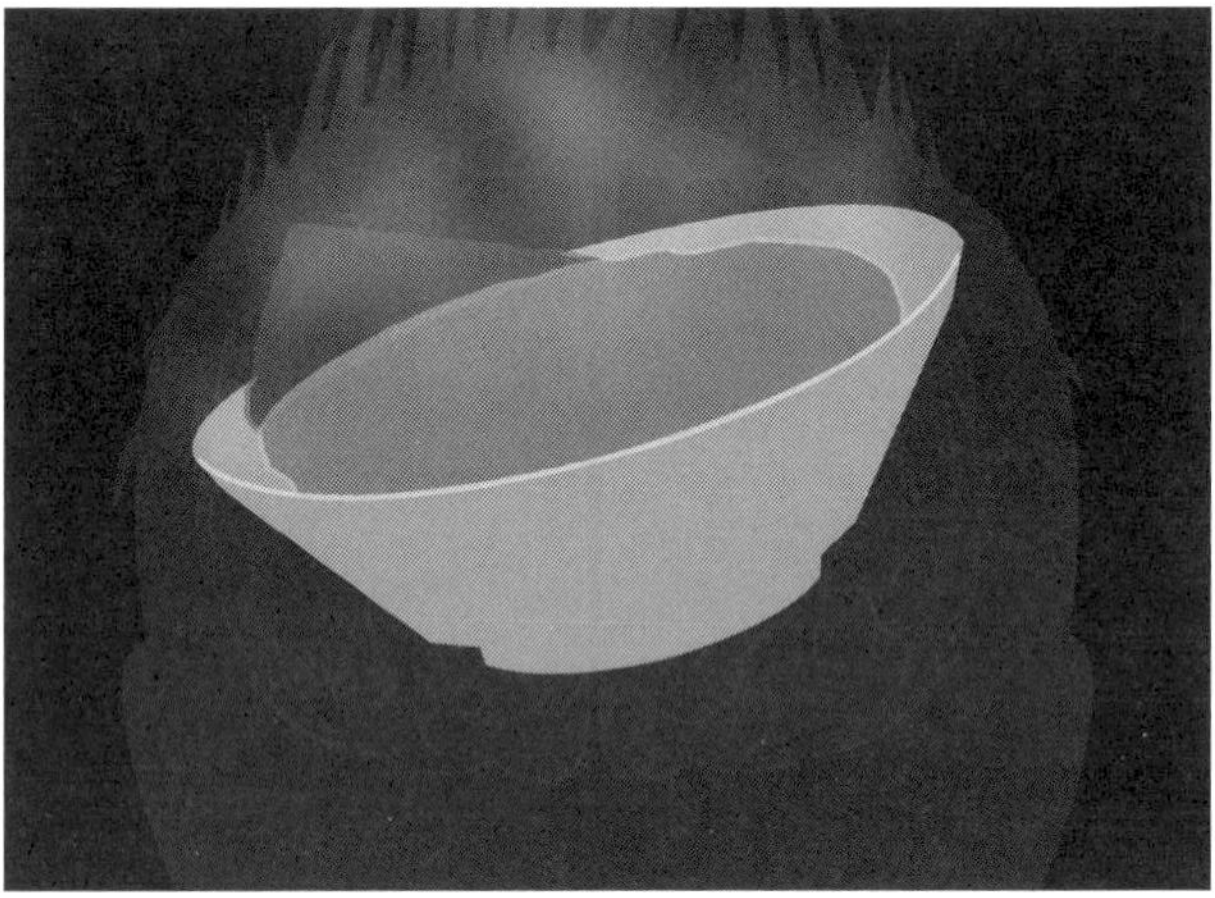

じるのはなぜなのかを考えてみると、それは想念に揺り動かされたり、想念に翻弄されるからなのです。

そこで、湧いてくる想念を瞑想の練習として有効に使うには、まず想念に翻弄されないようにする必要があります。具体的には、想念が湧いてくるままにしておくのです。どんな想念が湧いても、それに揺り動かされないようにします。

そうはいっても、最初からどんな想念にも揺り動かされないとしたら、それはすでにかなり瞑想に熟達していることになります。ふつうは湧いてくる想念の内容にしたがって心が動くのです。ただ、極端に動揺しては具合が悪いのです。心が動いたとしても、なるべく小さな動きに止めておき、想念の流れに逆らわないようにします。そうすると、想念は次から次へと入れ替わり現れてきます。

瞑想の練習としては、その「湧き起こる想念を観察する」だけです。非常に単純ですが、実際にやってみると、そう簡単ではないのです。

想念を観察するというのは「いま自分は何を想っているのか」ということです。うまく観察ができたとしても、すぐに違う想念と入れ替わってしまうでしょう。そうしたらそのつど「いま自分は何を想っているのか」という具合に観察するのです。湧き起こってくる想念と、観察する自分の追いかけっこのようになるでしょうが、粘り強く観察し続けてください。そうして、常に自分が想っていることをしっかりと観察できれば、この「想念の観察」は成功です。

もし成功したとしたら、そこでもう一度チェックしてみましょう。AからBという想念に入れ替わったら、その入れ替わるタイミングが一体どうなっていたかをチェックすると、多分その辺がはっきりしないでしょう。そこが観察できていなかった部分です。それは「無念無想」や「無の状態」ではなく、観察する対象が見つからない状態のはずです。しっかりと観察ができていれば、想念が浮かんでいない状態も把握できるのです。

7　想念の観察を深く考察する

的確な判断力、鋭い分析力、深い洞察力などを身につけるために「想念の観察」について、もう少しくわしく考察してみます。少し面倒だと思われるかもしれませんが、こういう考察で瞑想能力が上がるのです。

その瞑想能力は、都会生活の中のあらゆる場面で活かされます。他の人と目の付け所が違う、的確な提言ができる、鋭い指摘ができるなど、瞑想能力から生じる洞察力によって、有能さが証明されます。そのために「想念の観察」に深い考察を加えてみましょう。

まず「想念の観察をしようと思う」ことと、「想念を観察する」ことの違いをはっきりさせましょう。

①　想念を観察しようと思って観察している状態。

②　想念を観察しようと思っていたのだが観察できていない状態。

③　想念を観察しようと思っていないのに観察している状態。

という3つのケースが考えられます。

想念の観察を深めていくには、①の「想念を観察しようと思って観察している」という状態から開始します。しばらくすると、②の「想念を観察しようと思っていたのだが観察できていない状態」になります。しかしたいていは観察ができなくなっても、しばらくは気づかないのです。やがて観察できていなかったことに気づくのですが、気づいたときには、観察できているのです。つまり、気づいた瞬間には観察が再開されているのです。

「想念の観察ができていないとき」は観察をしていないのですが、「想念の観察ができていないのに気づいたとき」には観察がなされているのです。想念の観察は、「観察ができている」か「観察ができていないのに気づいたとき」には、観察がで

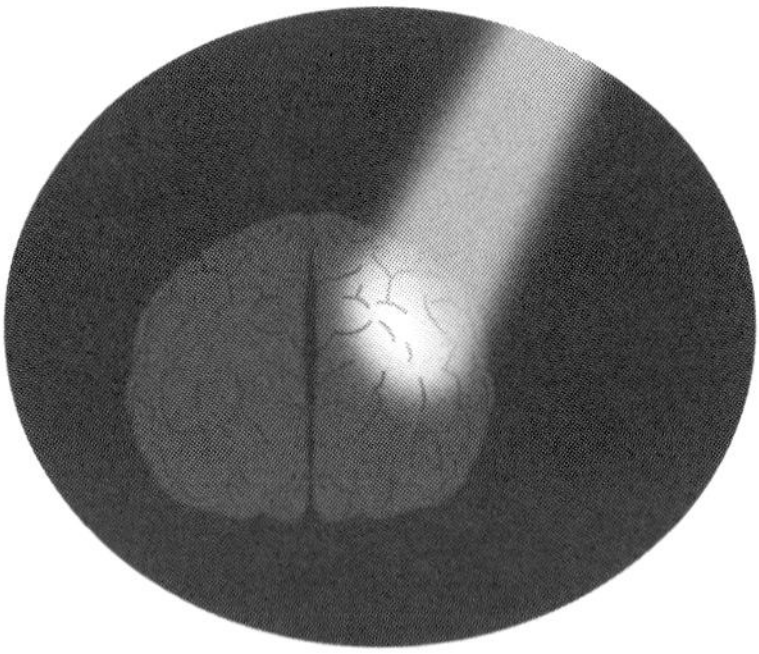

①想念を観察しようと思って観察している状態

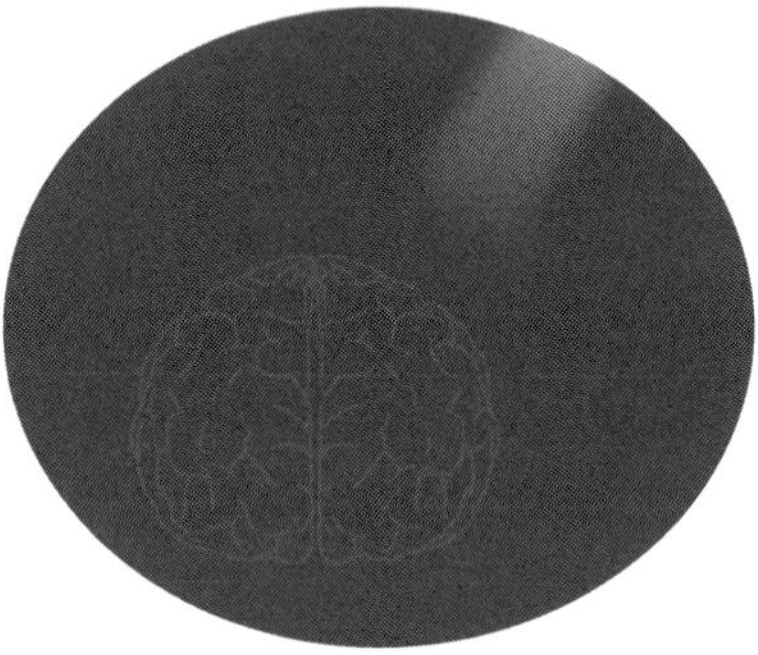

②想念を観察しようと思っていたのだが観察できていない状態

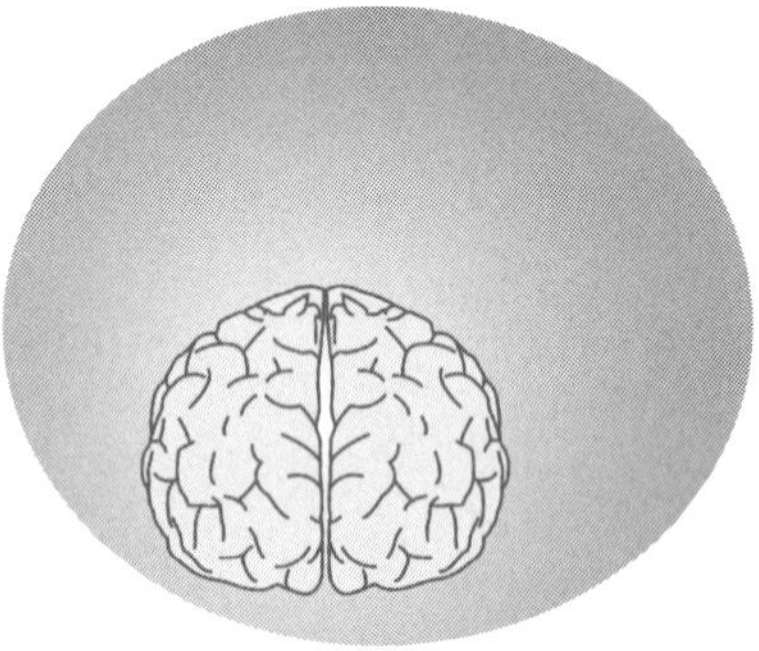

③想念を観察しようと思っていないのに観察している状態

きているこ とになるのです。逆に、観察ができていないのは、そのことに気づいていないときに限られるのです。

ここまでで、①の「想念を観察しようと思って観察している状態」と②の「想念を観察しようと思っていたのだが観察できていない状態」については理解できたでしょう。

そこで、想念の観察で最も重要な、③の「想念を観察しようと思っていないのに観察している状態」について考察してみましょう。

想念の観察の最初は、観察をしようという意志が働くところからスタートします。ところが慣れてくると、改まって「観察をしよう」としなくても、自分の想念を観察するという「習慣」が生じるのです。

そうすると、単に気持ちを落ち着けるだけで、③の「想念を観察しようと思っていないのに観察している状態」になるのです。想念の観察はこの段階に入って、初めて「常に自分が思っていることをしっかりと観察できる」という状態になるのです。つまり、顕在意識で「想念の観察」をしているうちはまだだめで、潜在意識レベルで「想念の観察」ができるようになって、初めて成功するのです。

徹底的に観察し続ける粘り強さが、深い洞察力をはぐくむのです。ものごとを見抜く力は、つかみきれないことやつかみにくいことを的確につかむ力なのです。

自然に想念の観察ができるようになると、いつでも、自分の置かれている状況だけでなく、もっと立体的に把握できるようになります。そうすると、新たな展開に対して瞬間的に対応できるのです。

この「想念の観察」で明晰な判断力や対応力が身につくと、仕事上の迷いや生活上でのトラブルなどを、的確に処理できるようになります。

8 瞑想の深いレベルへ向かう

想念の観察をしようという姿勢を根気よく続けていると、観察しきれなくなったときに気づくようになります。観察できなくなってから少し間があって「今、観察していないな」というのと、観察できなくなったときに「今、観察が途切れ

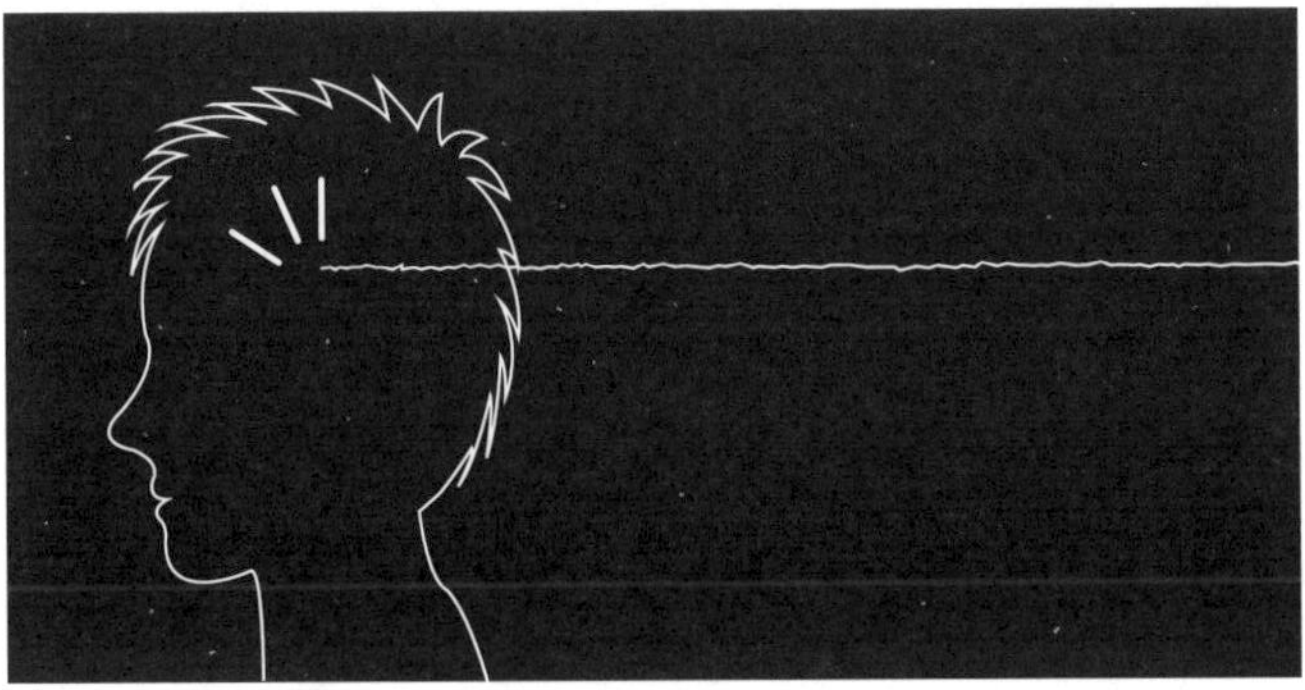

たな」というのでは、全然違うのです。

観察の途切れた瞬間に気づくことができると、いつでも瞑想の深いレベルに入っていけるのです。なぜなら、途切れた瞬間に気づけば、実際には途切らさないで想念の観察を続けることができるのです。

想念の観察を続けるということは、自分の状態を見つめ続けるということになって、それは、まさに瞑想の安定した状態を持続できるということなのです。

想念の観察から瞑想に入る場合に、「想念の観察ができた」さあ「瞑想に入ろう」というのは話のうえのことです。実際には、想念の観察がしっかりとできるようになっていくにしたがって、少しずつ瞑想のレベルが深まっていくのです。

「想念の観察がしっかりとできる」ことと「瞑想のレベルが深まっていく」ことの関係を知れば、そのことははっきりと判ります。

想念の観察を始めると、最初は次から次へと想念が入れ替わり立ち替わりでてきますが、想念の観察がしっかりとできてくると、入れ替わりが少なくなります。そのうちに、一つのテーマとそれに関する事柄だけが頭の中を支配するようになるのです。

瞑想のレベルが深まっていく順序も、これと同じ過程を経るのです。瞑想に入ると、最初のうちは雑念が湧き起こってくるのですが、徐々に瞑想が深まってくるにつれて雑念は減ってきます。そして、ごく自然に一つのテーマだけが残り、そのテーマが誘導灯のような役割になり、瞑想は深みへと向かうのです。

想念の途切れた瞬間というのは、別の表現をすれば「意識の狭間」といえます。それは武術では「スキ」ということになるでしょうし、「魔が差す」「一瞬パニックに陥る」などもそうです。

仕事上でも「一瞬パニックに陥る」こともあるでしょうし、「魔が差す」こともあるでしょう。商談の相手に「スキ」を見せてしまい、不利になることもあるかもしれません。そういういろいろな状況のときに「想念の観察」の能力が発揮されるのです。一瞬が勝負のときに、その一瞬を誰よりも早く捉えることができれば、最も有利な立場に立つことができるのです。

ものごとを見抜く能力、鋭い洞察力は、瞑想の基礎練習を積むことで確実に得られるのです。

9　何度も挫折を超える

強靭な精神力は、どうやって育つのでしょうか？　楽をして精神力を鍛える方法というのはあるのでしょうか？

たぶん楽の中からは精神力は育たないと思います。精神力は、挫折したり萎えたりしない力であり、粘ることであり我慢することであり、大変なことに立ち向

かっていくことのできる力です。

これまでの人生で「もうだめだ」とあきらめた瞬間が何度もあったでしょう。その瞬間が「精神力を鍛える」大きなチャンスなのです。

精神力を鍛える、精神力を向上させる最良の方法は、自分で自分を鍛えることです。自分で「もう我慢できない」「もう少し粘れる」というような状況を作れば、安全に精神力の向上が図れるのです。

一番のポイントは、「もうだめだ」と思う瞬間です。

その瞬間にあきらめてしまうと、精神力は向上しません。その瞬間をほんの数秒でも耐えることが、強靭な精神力を育むのです。「もうだめだ」と思った瞬間に、頭の中で「もう少しだ」というと、本当にもう少し頑張れます。

意識の持ち方一つで、辛くもなれば楽にもなれるのが私たち人間です。「罰として校庭10周だ」と命令されて走るのは辛いです。しかしマラソンの練習がしたいと思っていたときに「罰として校庭10周だ」と命令されたとしたら「ラッキー」と思うでしょう。

「今日中にこの仕事をかたづけておけ」と上司に命令されたときに、「冗談じゃない、今日中になんて無理だよ」とふてくされて、しかたなくその仕事に向かうのは辛いです。しかし「頑張っても今日中にできるかな？　よし集中力と精神力の訓練にいいチャンスだ」とバリバリ仕事に取り組めば、楽しくできます。しかも、そういう取り組み方をすれば、本当に今日中に仕上がってしまうでしょう。無理だろうと思って命令した上司を驚かすのも楽しいではありませんか。

辛い仕事や危険な仕事をさせられたときに、「チャンスだ」とばかりに自分の能力を試してみるようにしていると、本当に辛い仕事や嫌な仕事というのはなくなっ

てしまうのです。逆に少しきつい仕事や、少し危険な仕事があると、積極的にやるようになるでしょう。そうすると、いつの間にか強靭な精神力の持ち主になっているのです。

コラム 2

私のヒマラヤ修行は毎年危険と隣り合わせです。氷河の上を歩いていて、いきなり岩が割れて左足の甲を直撃したことがあります。幸い氷河の上に堆積した土が柔らかかったので履物と靴下が破れただけで足のほうはかすり傷程度でした。もしそのまま岩と一緒に氷河の割れ目に落ちていたら、命が危うかったのです。日ごろから精神力を鍛えておいたからだと思います。

土石流に見舞われて、命からがら茶店に入って、一晩厄介になったこともあります。このときも、いろいろな方向から飛んでくる大きな岩を躱すのは、瞬時に状況判断をする瞑想能力が活かされたのだと思います。

崖から落ちてくる岩に顔を直撃されたこともありました。そのときも崖につかまっている片手を離してしまったら、命が危なかったケースでした。

幸運ということもあるのですが、そういうときに慌てずに状況判断を下して、つぎの行動を一瞬にして決めて、間髪をいれずに行動に移せるだけの能力を普段からつちかっているので、私自身に不安はないのです。冷静な判断力、集中力、決断力、精神力、行動力と生命力が一体となって、ヒマラヤでの危険を回避できてきたのだと思います。

第3章

洞察力を養おう！

正しい瞑想を覚えると「洞察力」が身につきます。洞察力はものごとを的確に見抜く力であり、予測できないことをも見透す能力です。

仕事がうまくはかどらないのは、机の上も頭の中も整理されていないからなのです。瞑想は最初に気持ちを落ち着けて、心の中を整理することから始めます。ゆったりと坐り自分の内面に意識を向けると、それだけで心の中は整理される方向へ向かい出します。また、少しでも瞑想ができるようになると、不思議なことに机の上も引き出しの中も、苦もなくきれいに整理することができるようになるのです。それは洞察力が身につくからなのです。

判断をあやまるのは心の中が乱れているからです。瞑想によって心の内部が整理されると、ものごとを正しく判断できるようになります。あやまった判断が仕事の失敗につながるのです。的確な判断力さえ身につければ仕事はうまくいきます。的確な判断力は、人生のあらゆる場面で効力を発揮します。

1 出かける前にチェック

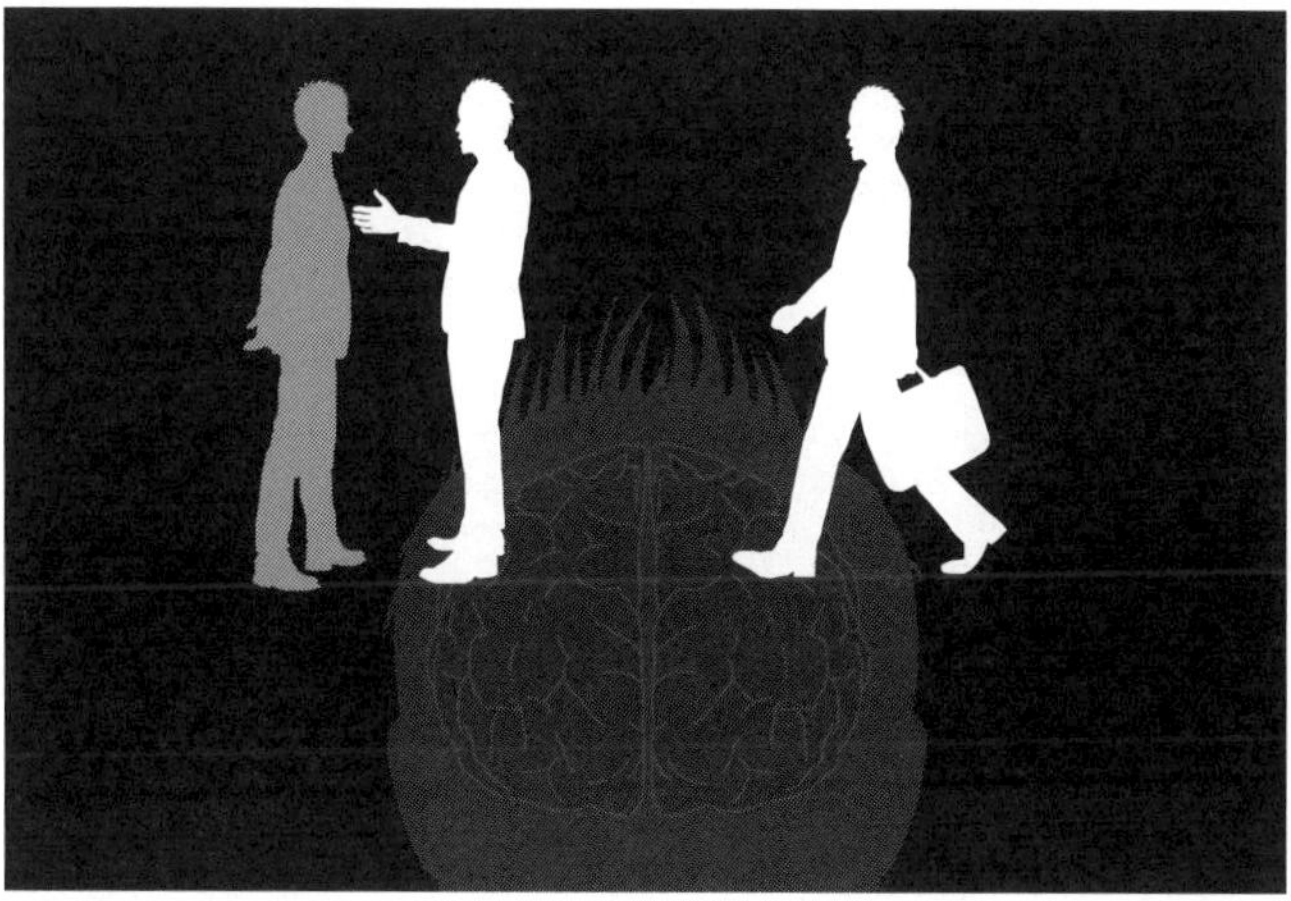

起床してから会社に行くまでに、これからする自分の行動をチェックしてみましょう。事前に準備するとか、事前にシミュレーションするというのは、洞察力を養うのに最適な方法です。また、そういう習慣が身につくと、仕事上でも人間関係においても、失敗が少なくなります。
家を出る前に忘れ物はないかをチェックするのは、通常誰でもします。それでも忘れ物をしてしまうこともあります。それを防ぐには、これからする自分の行動をチェックすることです。たとえば「今日○○さんと会うんだな」というチェッ

クをすることで、「○○さんに渡すものを忘れてた」ということに気づくのです。

夕方からコンサートに行く予定があるのに、出かける前にシミュレーションをしなかったために、チケットを家に忘れてしまったということもあるでしょう。

何も考えずに家を出ると、今日一日の行動で使うものを、全部把握しきれません。そうすると、「あれを忘れた」「持ってくればよかった」「今必要なものを家に置き忘れた」ということになるのです。

旅行に行く前に、持って行くものをスーツケースに入れます。そのときに、必要のないものを入れてしまったり、逆に絶対に必要なものを入れ忘れてしまうと、せっかく楽しもうと思った旅行が台無しになってしまいます。

海外旅行で空港に行ったときに、チケットを忘れたとしたら、大変なことになります。取りに帰る時間がなければ、その飛行機に乗れません。後から別の飛行機で追いかけることもできなかったとしたら、結局旅行そのものをあきらめることになります。実際そういうケースは、ときとしてあります。

最低限でも、絶対に必要な航空チケットとかパスポートなどは、チェックして

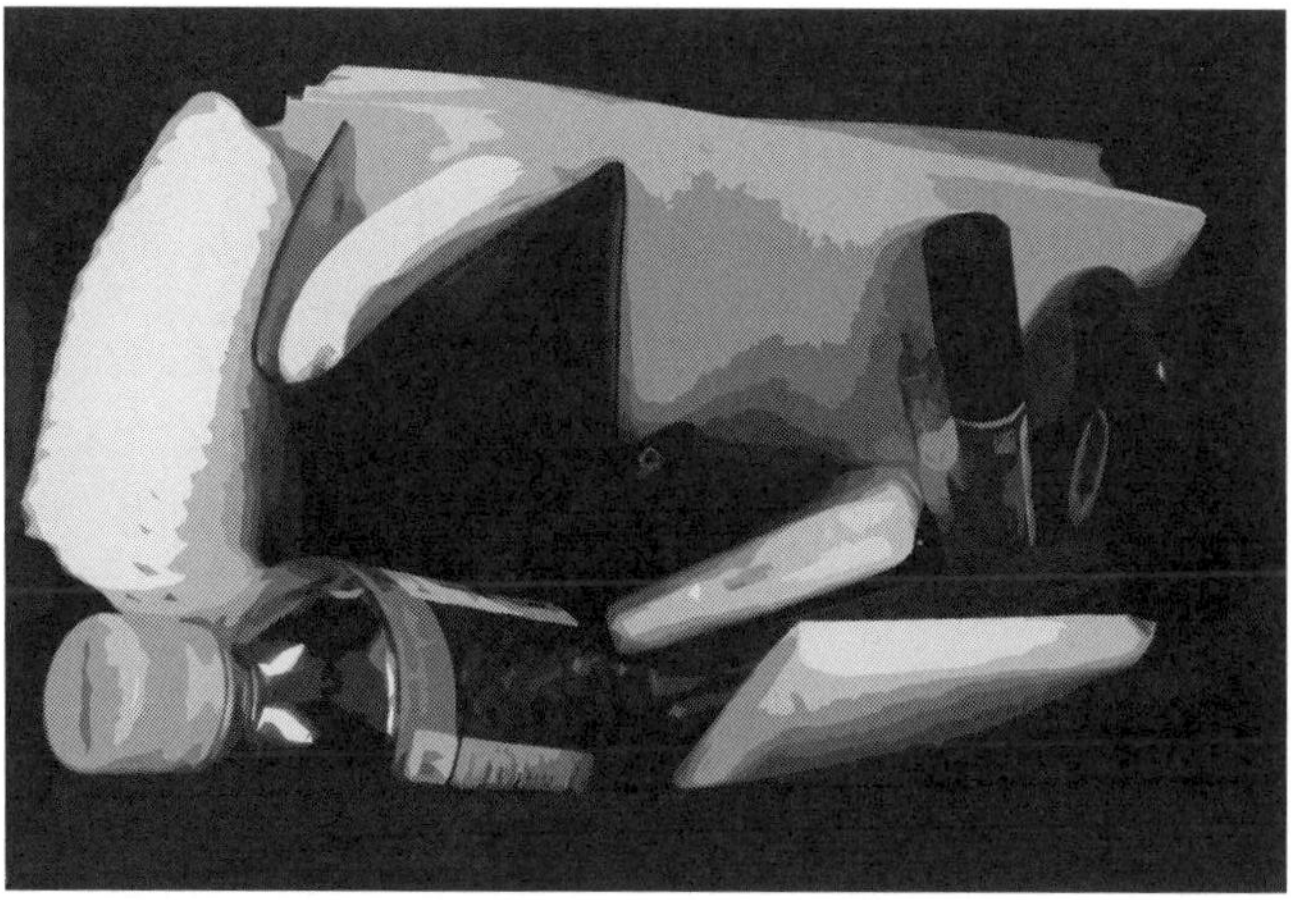

から出かけるべきです。そして、それ以外も、旅行中に必要だと思われるものは、ちゃんと持って行くべきです。それには、旅行中の行動を、シミュレーションすることで、何が必要で何が必要ないかを見極めることができるのです。

外出前にチェックする習慣が身につくと、持ち歩くカバンの中身を減らすことができます。普段大きなカバンを持って行動している人の中には、まったく必要のないものをいつも持ち歩いているケースがあります。そうやっていろいろなものを持ち歩いていても、いざとなったときに必要なものがないことがあります。

その日一日の行動をシミュレーションすると、まずはどうしても必要なものをピックアップできます。そこから洞察力を発揮して、もしかしたら必要になるのではないかというものを用意します。日々外出前に、そのチェックをすると、持ち歩くカバンの中は、かなりスッキリとするでしょう。

2 人間関係を円滑にする洞察力

誰かと口論になったときに、洞察力があればその口論を回避することができます。口論するというのは、たいていは、どちらも自分が正しいと思っているのです。だから自分の考えを主張して、相手の考えの間違いを正そうとするのです。それは、相手も同じことを考えています。お互いに自分の考えが正しいと思うから、口論になるのです。

そこで瞑想能力のある人ならば、自分の立場ではなく相手の立場に立って、考えてみることができます。そうすると、自分の主張している考えにも不備があっ

たり、弱点があったりすることが見えてくるのです。それが洞察力です。それによって、相手と口論するのではなく、妥協できる点を見出すことができます。そうすると、その後の人間関係が円滑になるのです。

この相手の立場に立って考えるというのは、まさに瞑想能力なのです。瞑想によって視野が広くなり、自分しか見えないという視野の狭さから解放されます。それによって、相手の立場に立てるのです。その洞察力は、深山幽谷で瞑想するヨーガ行者より、むしろ都会で生活する社会人にこそ必要なのです。

3 洞察力が勝負のインバスケット

国際秘書検定の試験問題に「インバスケット」というのがあります。インバスケットは、制限時間内に多くの案件をどれだけ的確に処理できるかというビジネス上の能力です。もともとは米空軍の教育機関が訓練の成果を計るために開発されたということです。

インバスケット（未処理箱）に入っている多くの案件を、秘書が社長に提示するときに、何を最優先すべきかの判断を誤ると、会社の存亡を左右する事態を招きかねないのです。

やるべきことが複数ある時に、今すぐにしなければならないことなのか1時間後でも大丈夫なことなのか、今日中にすべきことなのか明日でもよいことなのか、もしくはほっといても大丈夫なことなのか、の判断を的確に下すことができるのが「インバスケット思考」です。

それは、国際秘書に必要な能力というだけでなく、誰にでも必要な能力です。「今なにをするべきか」の判断を誤ると、人生においても道を踏み外すことになりかねません。「今なにをするべきか」を正しく判断できるというのは、その先どうなるかを見抜く洞察力があるということです。

ヨーガの瞑想は、まさにその洞察力を養うものです。まずは現状認識をすることから始まり、最良の状態に持っていくにはどうすれば良いかの判断をします。「インバスケット思考」も同じように、まずは現状認識から始まります。そしてどの案件から手掛けるのがベストなのかを判断します。

国際秘書検定で合格するには、ヨーガの瞑想力を身につけるのが近道です。それは、一般的な社会生活にも適用できます。

4 夢を利用した瞑想

朝、「ンッ」と目が覚める瞬間というのがあるでしょう。そのときに「今○時○

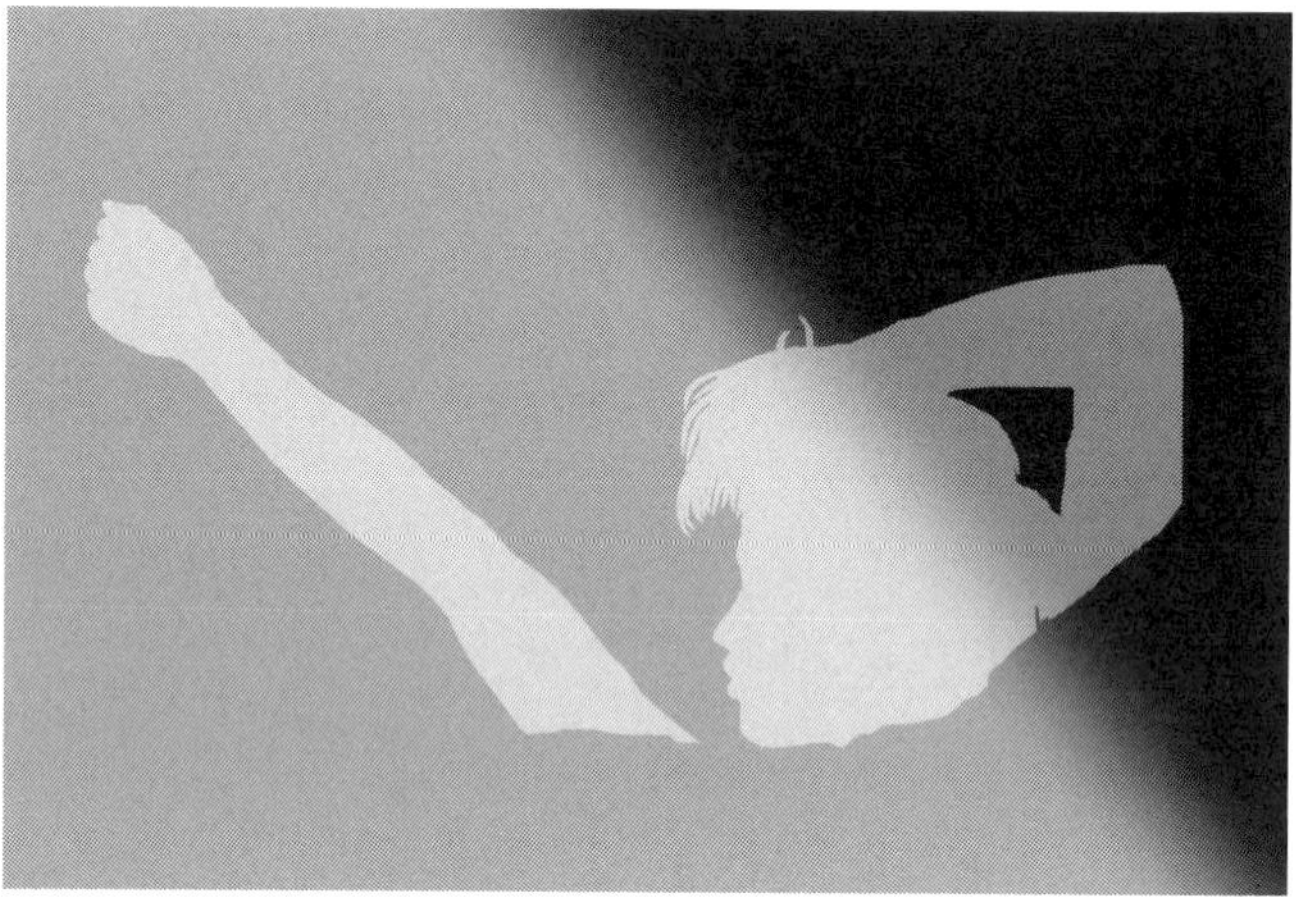

○分」とその時間を当ててみます。光の具合や空気の感じから、ある程度は判るでしょうが、自分が当てた時間と本当の時間がどのぐらいずれているか、その場で確認しましょう。毎日目覚めたときに「今○時○○分」と言う習慣をつけると、徐々に実際の時間とのずれがなくなってきます。慣れるとほとんど正確な時間を当てられるようになります。

この練習から、物事を見ぬく洞察力が養われます。

また、目覚めた瞬間に、思考を働かせる習慣がつくと、意識の切り替えが早くなります。そうすると前の意識を引きずらないので、生活上のいろいろな点でスムーズに運べるようになります。

つぎに「夢日記」をつけてみてください。もうすでにやっている人もいるでしょうが、夢というのは実は瞑想との関係が深い部分があって、瞑想の役に立つのです。

夢というのはある程度コントロールできるのです。それにはまず、見た夢を忘れないうちにメモすることです。はっきりとした夢を見ても、起きてしばらくすると、すっかり忘れてしまうものです。まだ覚えているうちに書くことが大切です。

毎日夢をメモしていると、それだけでも面白い発見があるし、夢をしっかりと見るようになります。たとえば、夢の映像の端がどうなっているのか観察したり、出てきた人物をしっかりと観察したりできるようになります。

そして、少し慣れたら今度は、見る夢をコントロールします。たとえば、映像の左端のもっと左を見るようにしてみたり、遠くの風景を近づけてみたり、という具合に、自分の意思で夢の中の映像を操作してみるのです。また、昨日の夢の続きを見ようとすると、ちゃんと見られるようになります。

夢をしっかりと見ることができるようになると、瞑想能力も上がります。たと

えば目を閉じて瞑想していて、目の前に映像が現れても、冷静にその映像をしっかりと見据えることができるようになります。美女が現れて誘惑しても、悪魔が現れて脅かされても、動揺することなく淡々とその映像を見ることができれば安全です。

そのときに喜んだり怖がったりすると、いわゆる「魔境」に入り込んでしまうのです。悪魔に殺されそうになってしまい、瞑想は怖いものだという間違った思いを抱いてしまうのです。瞑想中に出てきた悪魔があなたを殺すなどということはできないのです。単に冷静にその映像を見据えるだけで、悪魔は退散してしまうでしょう。

夢の中を冷静に見据える習慣が身につくと、実社会での仕事上のトラブルや、とっさの判断が必要なときに慌てることがなくなるので、的確な対処ができるようになります。夢の中を冷静に見据える習慣で、洞察力が養われるのです。

5 目を閉じた空間をしっかりと把握する

夢の中というのは、ある意味で、目を閉じた状態で見える空間なのです。夢ではなく、起きているときに目を閉じて、何が見えるかをしっかりと把握しましょう。

楽な坐り方で目を閉じます。目を閉じた目の前のスペースを見ることは第1章に出てきたので、すぐにつかめるでしょう。

その、目の前のスペースをもう一度しっかりと観察して、その中で一つだけ特徴的なポイントを見つけてください。位置的にはちょうど目の前がいいでしょう。

最初はなかなか見つけられないかもしれませんが、それであきらめずに観察し続

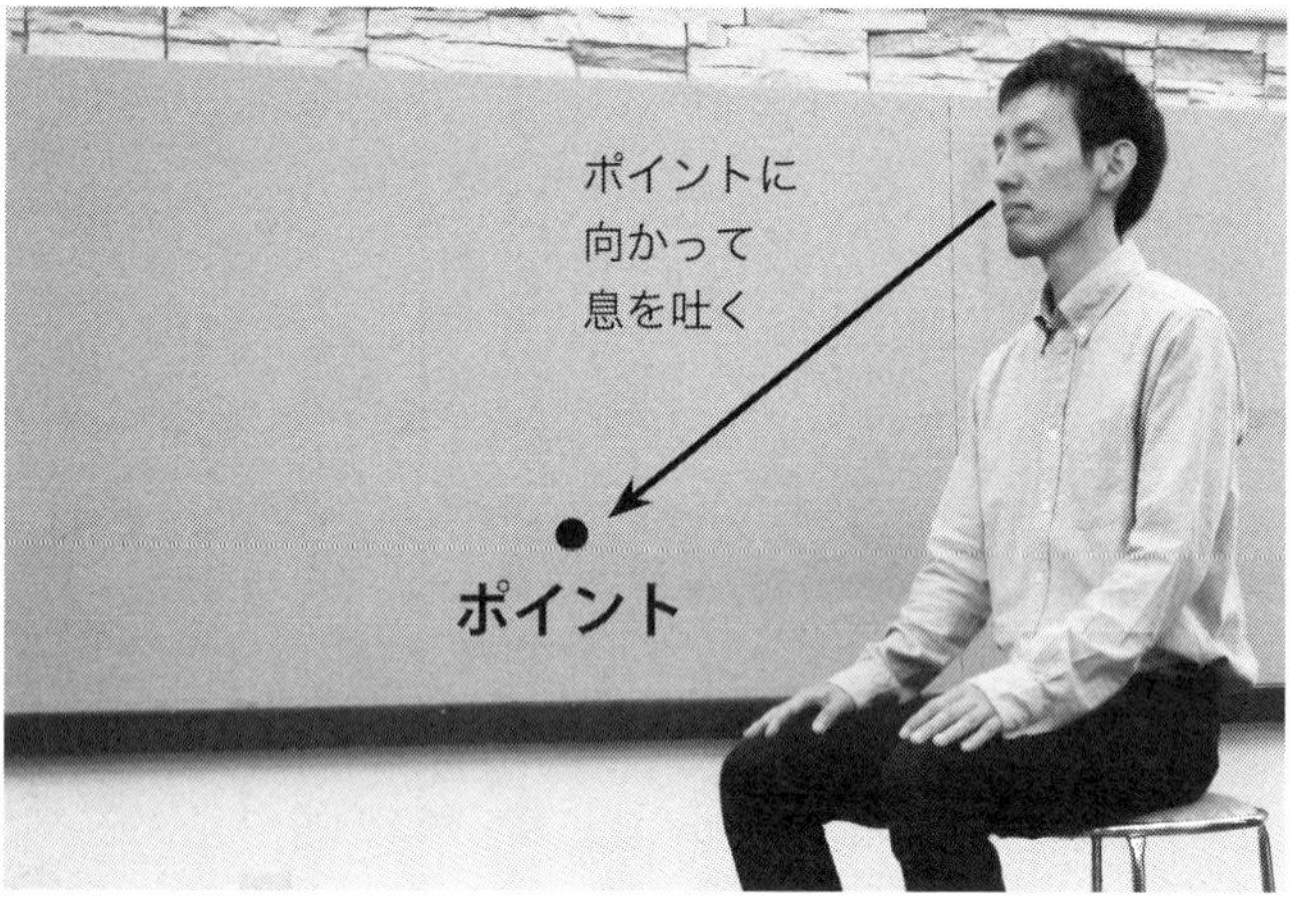

けていると、はっきりとしたポイントがつかめます。この練習だけでも、ものごとを見抜く力が養われるのです。

ポイントがつかめたら、そのポイントに向かって息を吐くようにします。呼吸は鼻を使うので、口は閉じておきます。そしてポイントから息を吸い込んできます。その繰り返しなのですが、呼吸は無理のない範囲でゆっくりとします。

しばらく続けていると、ポイントがはっきりしなくなるでしょう。そのときに、はっきりしないまま何となく続けてはだめです。その場合は、ポイントに向けて呼吸するのは中止して、もう一度しっかりとポイントをつかむようにします。それでも、ちゃんとしたポイントを見つけられない場合には、目の前のポイントをつかむべき位置だけをしっかりと見据えます。そうしてそのポイント位置に向けての呼吸をします。ポイント位置の状態が刻々変化しても構わずに続けます。ポイント位置の状態の変化がしっかりと把握できていれば、そのことが洞察力の養成になるのです。

この練習法は、根気と粘り強さが要求されます。もし、なかなかうまくいかなくてもあきらめないでください。最低でも3分続けていられれば、ものごとをしっかりと把握する能力が鍛えられます。

そしてこの練習を積み重ねていると、徐々に呼吸がゆっくりとできるようになるのです。ふだんの呼吸が深くなれば、集中力が強化され、洞察力も得られるのです。

また瞑想能力がかなり高まると、この練習を続けているだけでも、深い瞑想状態を体験できます。

瞑想は、どんな現象が目の前で展開されても「平常心」でとらえなければなりません。それは仕事上でも同じことがいえます。何かあるごとに一喜一憂していては、仕事は務まらないでしょう。どういうことが持ち上がっても冷静に対処しなければ、難しい局面ほど乗り切れなくなるのです。

まずは、目を閉じている目の前のポイントをしっかりと確認してください。そして、いろいろな変化を楽しむという姿勢を持つようにしましょう。

6 自分の呼吸の行方を追う

洞察力を身につけるには「意識の拡大」の練習が効果的です。瞑想を深めていくと、意識を拡大したり縮小したりすることができるようになります。意識をどこまで拡大できるかというと、限度はないのです。宇宙の果てまで拡げてもいいし、そのさらに先まで拡げることもできるのです。

洞察力も同じで、ものごとを見抜く、見透す、見据える力というのには限度はありません。意識、精神、心という言葉は、広さ、強さ、大きさなどで表現されますが、どれもここまでという限界はないのです。

そこで「意識の拡大」の練習として、もっとも判りやすい「呼吸の行方を追う」方法の説明をします。

楽な坐り方で目を閉じ、鼻からゆっくりとした呼吸をします。まず最初にその「自分の呼吸の行方」を追いかけます。肺から鼻を通って外へ出ますが、そこから先の呼吸の行方を追うのです。

吸うときも同じように、鼻から肺へ入ってくるのですが、その場合「肺に入る」というのは単なる知識です。自分が吸う息の行方を追いかけたときに、どこまで感じられるかが重要なのです。おそらく、肺の中まで入ってくる様子を感じるということは、あまりないでしょう。鼻の奥あたりまでは感じられるでしょうが、その先ははっきりしないケースが多いはずです。

自分がどこまで感じられるかが重要なのです。なるべく知識を無視して、自分の感覚を頼りに呼吸の行方を数分間追いかけます。

つぎに、呼吸の行方を追いかけることから、意識の拡大へとつなげます。鼻か

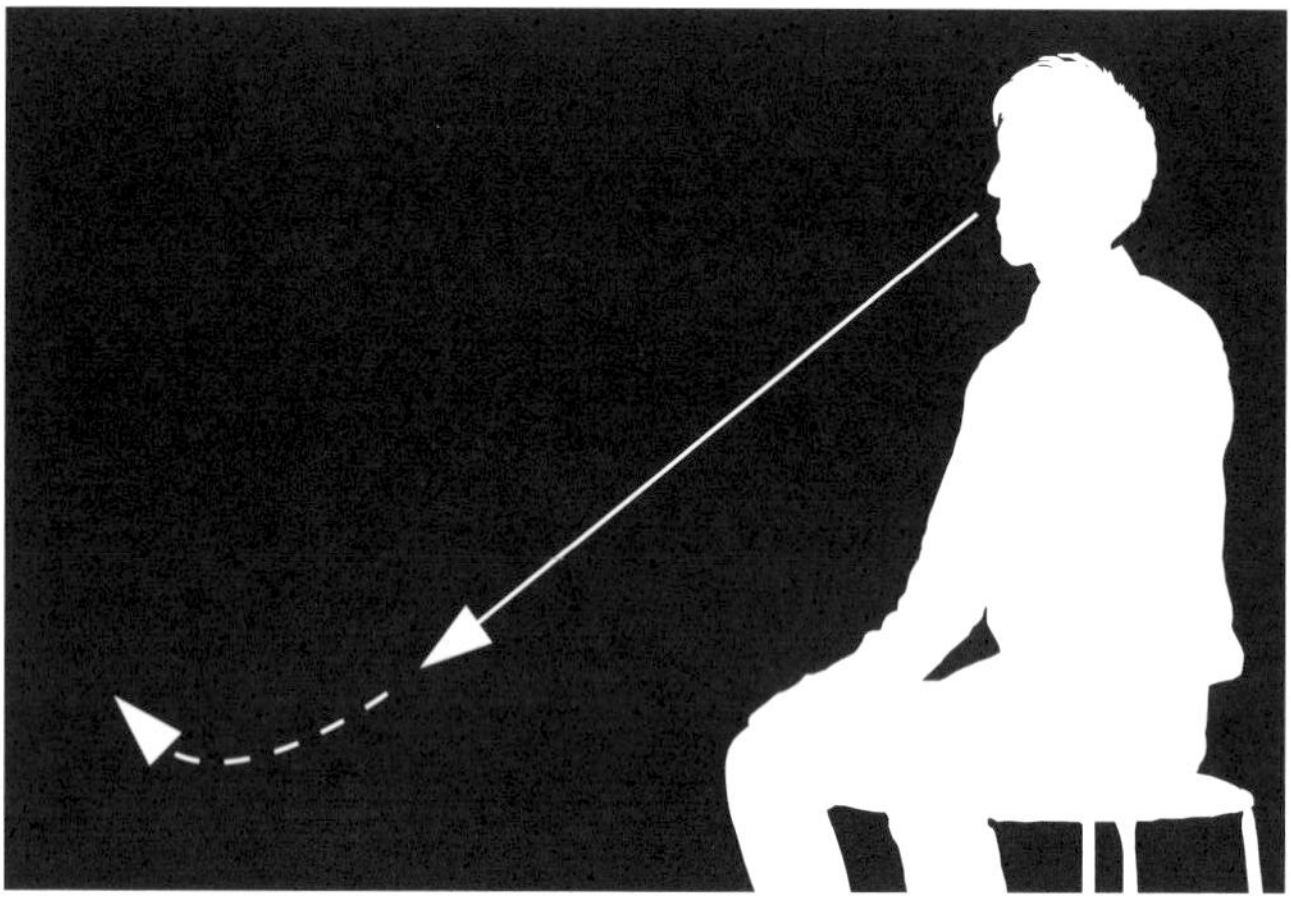

ら外へ出た息は、そんなに遠くへはいかないのですが、吐く息の行方を追いかけるところから、その意識を伸ばしていけるようであれば、どこまでも伸ばします。

吸う場合も同じように、吸う息の行方を追いかけるところから、その意識を伸ばしていけるようであれば、どこまでも伸ばします。体内空間は瞑想的に見たら「無限である」とされていますので、どこまでも伸ばせるでしょう。その繰り返しをやはり数分間練習します。

意識を拡大するといっても、どうすればいいのか判らないというのが本音かもしれません。まずは吐く息の行方を伸ばすというイメージをしてください。そのイメージが考えているだけでなく、実感できればいいのです。

イメージと意識の違いは「実感できるかどうか」です。イメージから始めても、考える（イメージする）のではなく、実感できるようになれば、そのイメージは「意識」へ発展したのです。

7 喫茶店で洞察力を養う

ちょっとした息抜きに一人で喫茶店に入ったり、誰かとの待ち合わせで喫茶店に入ることもあるでしょう。そういうときに、コーヒーがくるまでとか、待ち人がくるまでのほんの数分間は、洞察力を養うのにちょうどいい時間です。

席につきコーヒーを注文したら、目を閉じて気持ちを落ち着けます。小さな喫茶店なら、カウンターの中であなたの注文したコーヒーを淹れている様子が伝わってくるでしょう。注文して目を閉じたら、その様子に意識を向けます。カウンター

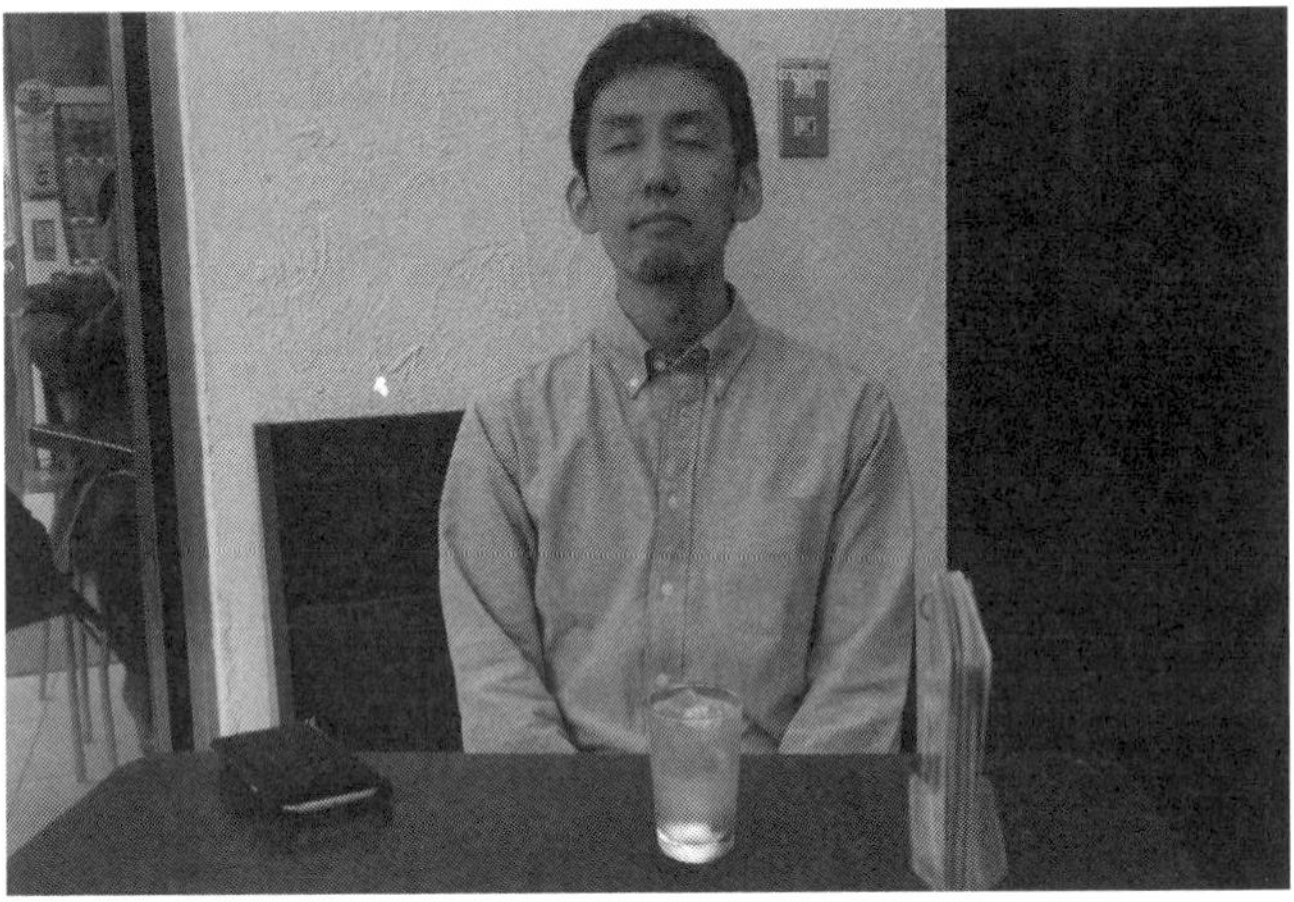

の中の人がどういう動きをしているかとか、今コーヒーカップをカウンターの上に置いたとかを、音や雰囲気から感じとるようにして、それを目の前に想い浮かべるようにします。

今おこなわれていることがリアルにつかめたと思ったら、その瞬間、目を開けて想い浮かべた通りかどうかチェックしてからまた目を閉じます。そして「お待たせしました」とコーヒーが来るまでそれを続けます。

五感を駆使してイメージを拡げられましたか？　聴覚を使って音から、嗅覚を使って匂いから、コーヒーが来るまでの周囲の状況を感じられたでしょうか。

この調子で、もう一つトライしてみましょう。

何回か会ったことのある取引相手の社員Aさんと喫茶店で待ち合わせをしています。できれば入り口が見える席につきましょう。最初にこれからくるAさんの服装や、入ってきたときの行動をイメージしてください。入り口を見ながらAさんの入ってくる様子を描きだしてください。あなたの向かい側の席に坐るまでの動作やあなたにかける第一声も予想してみましょう。

そして、やがて実際にAさんがきます。入り口に見えた瞬間からのAさんの行動をチェックしてください。あなたのイメージした通りの服装や行動だったでしょうか。その一つでも二つでも、あなたの思った通りだったら、洞察力を養う役に立っています。

さて、一仕事を終えてあなたは喫茶店で気分転換をしています。イージーリスニングでも流れている喫茶店なら申し分ありません。

そして気分が落ち着いたら、その音楽から連想できる映像を想い浮かべてください。音楽によっては映画の場面が浮かんだり、自然の風景が浮かんだり、家族や恋人の顔が浮かんでくるかもしれません。そうしたら、そのイメージをさらに膨らませるようにします。

その連想をしている間に、音楽以外の音も聴こえてくるでしょう。近くの席にいる人の会話や、外から車の音も聞こえるかもしれません。その声をだしている人や車の様子を想い浮かべてみましょう。その人の服装や表情、しぐさなどを想い浮かべたり、車の車種や運転している人を想像したりします。

確認したければ、目を開けてチェックするのもいいでしょう。ほんの少しの音や匂いなどから、何が起きているのか、どんな光景が展開しているのかを見抜くのが洞察力です。

息抜きに入った喫茶店で、リラックスするだけでもいいのですが、このような洞察力を養う練習ができることを知って、有効に活用してください。

8 親しい人との会話

積極的に洞察力を養うために「観想法」という瞑想法の練習をしましょう。

まず誰か親しい人を想い浮かべてください。なるべくふだんよく会話をする相手がいいでしょう。家族でも友人でもいいのですが、すぐに会話に入れて話題が豊富にでてくるような相手を選んでください。

椅子でも床でもいいので、楽な坐り方で目を閉じて気持ちを落ち着けます。そして今親しい人が向き合って坐っているというイメージをもってください。なるべくしっかりと想い浮かべるために、その相手の服装や髪型、顔立ち、仕草なども想い浮かべるようにします。

そして、その親しい相手とイメージ上の会話を始めます。会話の内容は何でもいいので、いつも話し合っているのと同じように会話をはずませればいいのです。自分の話に対して相手から返ってくる内容もイメージして、どんどん会話を進めましょう。

会話の内容によって相手の表情や仕草も違うでしょうから、そのあたりも含め

て想い浮かべるようにします。ちょっとした動作やちょっとした表情など、なるべくリアルに想い浮かべましょう。
5～10分ぐらいを目安に練習して、最後にいつもと同じように会話を終了させて別れるところまでイメージしてから、この練習を終わらせます。
その間、日常交わしている会話と同じ感触がどの程度得られるかが一つのポイントです。いつもと同じような会話を、いつもと同じような雰囲気で進められればいいのです。そして、その親しい相手が、本当にそこにいて会話をしているような手応えがあればひとまず成功したといえます。手応えというのは、目の前にその人がいるときと同じようなムードが漂うとか、その人と会話しているときと同じ気分になるというようなことです。むろん観想法としては、その間に相手の姿が目の前にありありと描きだされ、映像として見えれば大成功です。

仏像や神様絵などを前にして観想し、ありありと描きだすのよりは、はるかに現実的で成功の可能性が高い方法なので、しっかり練習してください。

コラム 3

洞察力は現状認識をしっかりとして、過去の経験に照らし合わせて、これから起こるであろうことを的確に予測する能力です。

私の指導しているハタ・ヨーガは、足首回しから始まって、いくつかのアーサナ（ポーズ）と呼吸法、瞑想の練習などをします。私は、無料体験で初めて教室に来た人に対して、これから指導するために洞察します。

たとえば、その人の姿勢とか話し方とか、呼吸の状態などを見て、身体の柔軟度や精神状態などを予測します。その段階で「この人は反りが苦手だな」とか「前屈しにくいだろうな」とか「瞑想がし辛いだろうな」などを見極めます。それによって指導メニューを調整するのです。

そういう洞察力が、ヨーガ指導者には必要です。そういう見極めができないと、怪我や事故につながってしまう可能性があるのです。指導を受ける側の人の体調や精神状態を見定めないで指導するのは危険です。ヨーガに限らず、何かを指導する立場の人には、そういう洞察力が要ると思います。

第4章

生命力を強めよう！

四面楚歌という言葉がありますが、身体が極まったときに、自暴自棄になったり、すべてを投げ出してしまったりすることがあるでしょう。

そういうときに役立つのが「胆力」であり「生命力」なのです。優れた瞑想家は並外れた胆力があります。仕事上の失敗で落ち込んでしまうようでは、有能なビジネスマンになれませんし、豊かな人生を送ることもできません。どんな窮地に陥ってもあきらめるべきではありません。

人生の荒波を無事に乗り切れるかどうかは、その人の「生命力」次第です。同じ能力のはずなのにどうしても勝てないとしたら、それは生命力の差なのです。生命力を高める方法はいくつか考えられますが、瞑想能力を身につければ飛躍的に生命力が向上します。

私は毎年、標高４０００メートルのヒマラヤで瞑想修行を実践していますが、何度も「胆力」を試されるような事態に遭遇し、また生命の危機にさらされてきました。しかし、そのつど、それまでにつちかった瞑想能力を駆使し、非常事態を回避してきました。

いざというときに必要なのは「集中力」であり「精神力」です。さらに物事をしっかりと見据える「洞察力」と何物にも負けない「生命力」なのです。なにごとにおいても生命力の強い人間に勝利の女神は微笑むのです。

1 都会最高の瞑想室はトイレ

これまで紹介したいろいろな瞑想法は、どこでもできるものが多いです。
たとえ、どういう場所で瞑想をするときでも「これから瞑想をするのに最も快適な場所だ」という意識をもつことで、そこが雑踏の中でも交差点でも駅のホームでも、瞬時にしてヒマラヤ山中と同じ環境にしてしまえるのです。

そうはいっても、最初からそんなにうまく快適な環境を作るわけにはいかないでしょう。瞑想の練習をするなら、やはり落ち着いて一人になれる環境のほうがいいのは当然です。そこで、手っ取り早く瞑想室にこもってしまうことも覚えましょう。

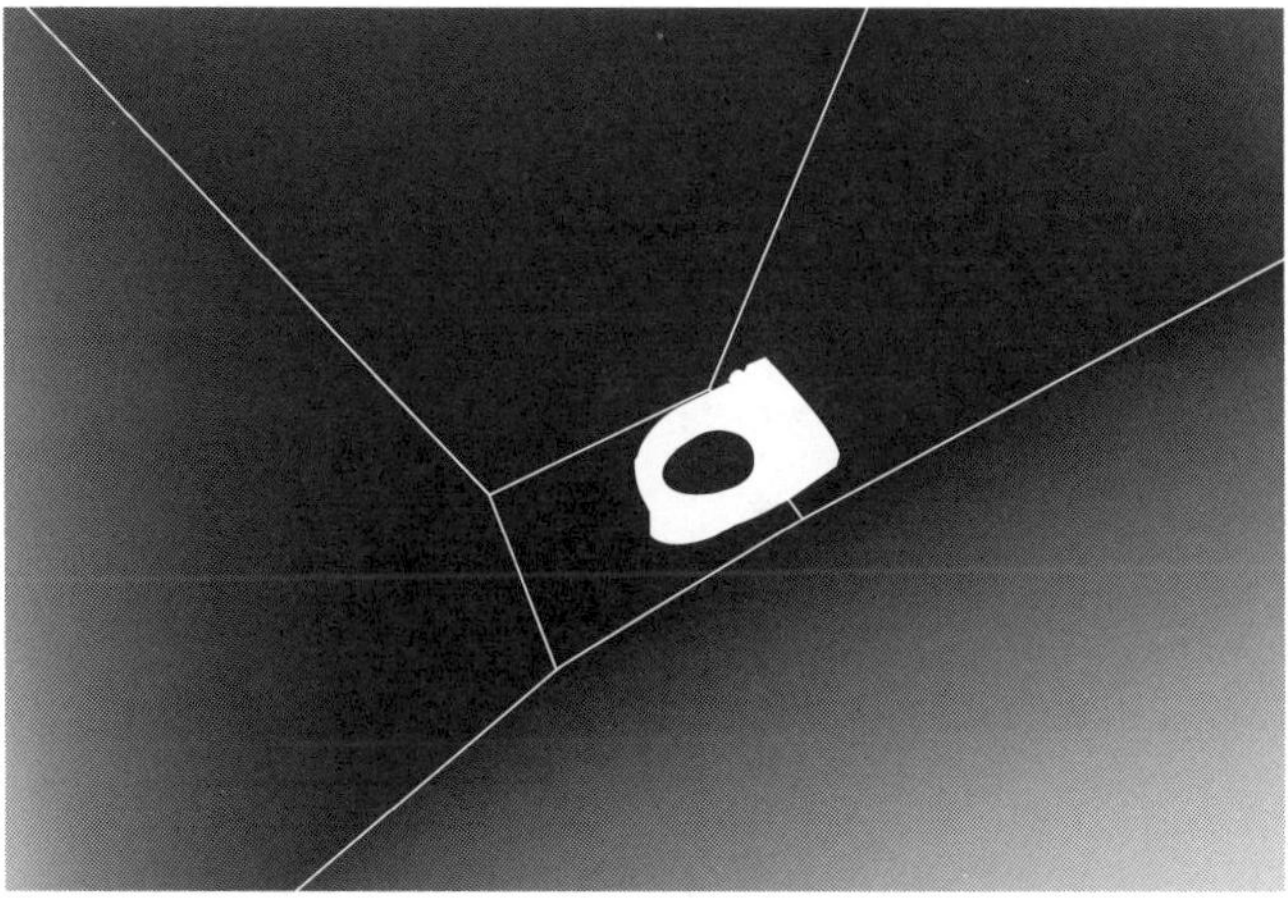

「瞑想室なんて家にも会社にもないよ」と思うでしょうが、最高の瞑想室が「トイレ」なのです。現にあなたも、トイレにこもって沈思黙考することもあるのではないですか？　仕事をしていると辛いことや悔しいことや情けなくなること、不満がつのることなどは必ずあります。そういうときにトイレにこもって涙することもあるでしょう。

トイレに逃げ込んでただ泣くだけではなく、もっと前向きになって、トイレを瞑想室として活用するのです。トイレは誰にも邪魔されない最高の瞑想室です。神経がまいったり、精神のバランスが崩

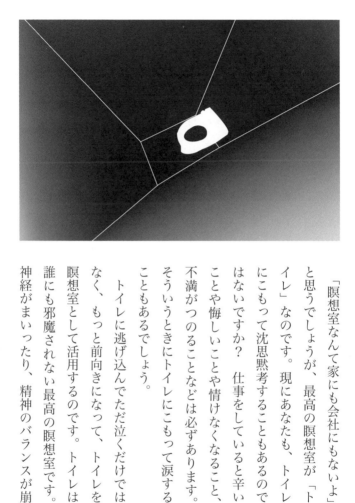

れそうになったりしたら、とにかくトイレに向かいましょう。

そしてほんの数分間でも、前述の瞑想練習をしてください。それだけで精神状態は安定します。

2 肛門を締め付ける

人が死ぬと、肛門から力が抜けて排せつ物が体外に排出されます。生きているうちは、肛門が閉じられているけれど、それでも加齢とともに緩んできます。肛門を締め付ける力が弱くなると、生命力が低下するのです。古来ヨーガ行者は、そのことを熟知していたので、肛門を締め付ける「ムーラバンダ」というテクニックを実践し続けてきました。

試しに肛門を締め付けてみてください。臀部とお腹に力が入ったのが判るでしょう。そして肛門を緩めると、その臀部とお腹の力が抜けることになります。これが普通に肛門を締め付けて緩めた時の状態です。

お腹に手を当てて、肛門を締め付け～緩める～とやると、お腹も動くのが感じられる。そのお腹の動きをできるだけ減らしていく。

この方法でも、肛門を締め付けて緩めるということを実践しつづければ、生命エネルギーは高まります。しかしムーラバンダのテクニックを正しく身につければ、確実に生命力が強くなります。

まず、お腹に手を当てたまま、肛門を締め付けて緩めるのをやってください。そうすると、締め付けたときと緩めたときに、手を当てているお腹が動くのが判るはずです。また臀部を覆うように両手を当てて肛門を締め付けて緩めるのをすると、これも臀部が動いているのが確かめられます。

このどちらも、当てた手で感じられる

動きを、減らしていくようにします。肛門周辺だけが動いて、締め付けて緩めるというのが理想的です。無駄な力が入らないことで、肛門の締め付け具合が強くなります。そして、締め付けるときに、肛門を体内側に絞り上げるようなアプローチをすると、さらに内容が良くなります。

3　ムーラバンダのレベルを上げる

肛門を締め付けて緩めるムーラバンダをするとき、それにかかる時間をチェックしてください。キュッと締めてパッと緩めると、締め付ける方は1〜2秒ぐらいで締め付けることができるでしょう。しかし緩める方は1〜2秒で緩んだ後も、2〜3秒間はジワーッと緩んでいます。よく確かめるとそれが判るはずです。

私たちは、力を入れるのは一瞬でできるのですが、力を抜くのを一瞬でするのは難しいのです。ヨーガで学ぶことはたくさんあるのですが、その中の一つは「力の抜き方」です。スポーツでも武道でもバレエなどでも、肉体を使うものはすべて、力の抜き方が上手になれば、レベルが上がります。

まずは肛門を締め付けて緩めるムーラバンダを1回として、10回連続してください。10回終わったら、少し間をおいてからまた10回ムーラバンダをします。10回を1セットとして、3セット試してください。

最初のうちは、10回するだけでも1分以上かかるでしょう。なるべくしっかりと丁寧にムーラバンダをしましょう。それができるようになったら、徐々にスピードを上げていきます。締め付ける（2秒）緩める（2秒）ぐらいで、安定してできるようにしましょう。このスピードは最初の目安です。正確にできるなら、それが1秒になり0.5秒にとレベルアップしていくようにします。

10回3セットというのも、最初のうちだけで、慣れたら回数も増やすようにします。私の指導しているクンダリニー・ヨーガでは、ムーラバンダを100万回するのが、一つの目安です。100万回という回数を聞くと驚くかもしれません。しかし、ムーラバンダは、いつでもどこでもできます。

電車の中でも、喫茶店でも、パソコンに向かっているときでもできます。

そういうやり方をすると、1日1万回ぐらいは簡単です。そうすると3か月ちょっとで100万回になるのです。

それはそれとして、肛門を締め付けるムーラバンダは、間違いなく生命力を強くします。たとえば、気力がなくなったときや、心が萎えそうになったときに、3セットやってみてください。それだけで、かなり効果があります。これまでにムーラバンダで危機を脱したとか、命拾いしたという話は沢山聞いています。間違いなく、生きていくうえで役に立ちます。

4 目的を持って歩く

人は歩けなくなった途端、生命力がガタッと落ちてしまいます。健康で長寿な人の多くは、元気に歩く日々を過ごしています。マラソンやジョギングや、ジムでの健康法から比べると、歩く方が健康法としての効果は大きいです。しかし、健康法のために歩くのは、あまりお勧めできません。

では、どういう歩き方がいいのかというと、目的地に行くために歩くのがいいのです。背すじを伸ばしてしっかりと前を見据えて歩ければとてもいいです。日常生活の中で歩くことが大切なのです。たとえばコンビニに買い物に行って帰ってきたら、買うものを一つ忘れてきた、ということはよくあります。そのときに、「もう一回行くのか」とがっかりするか「よし、もう一回行ける」と喜べるかが、生命力の差です。生命力の強い人は、どういう事態でも前向きに対処できるのです。

私は外を歩いていて、例えようのない

幸福感に包まれることがあります。それは「今まさに歩いている」ということが、嬉しくてたまらないのです。歩けるということが、何物にも代えがたい幸せであることに気づかない人が多いようです。歩けなくなって、初めて歩くことの大切さに気づくのではなく、歩けているときに、そのことに気づくべきです。そうすると、二度めの買い物が苦にならないのです。

注意するのは、ダラダラと歩かないことです。可能なら少し「早歩き」できれば理想的です。その歩き方が習慣になると、健康長寿につながります。

5 イメージと意識の違いを知ろう

イメージトレーニングは、いろいろな分野で盛んに取り入れられています。しかし、もう一歩踏み込んで「意識する」トレーニングはあまり重要視されていないようです。ところが「意識する」ことは瞑想力を高める上でも、生命力を強化する上でも大切なのです。

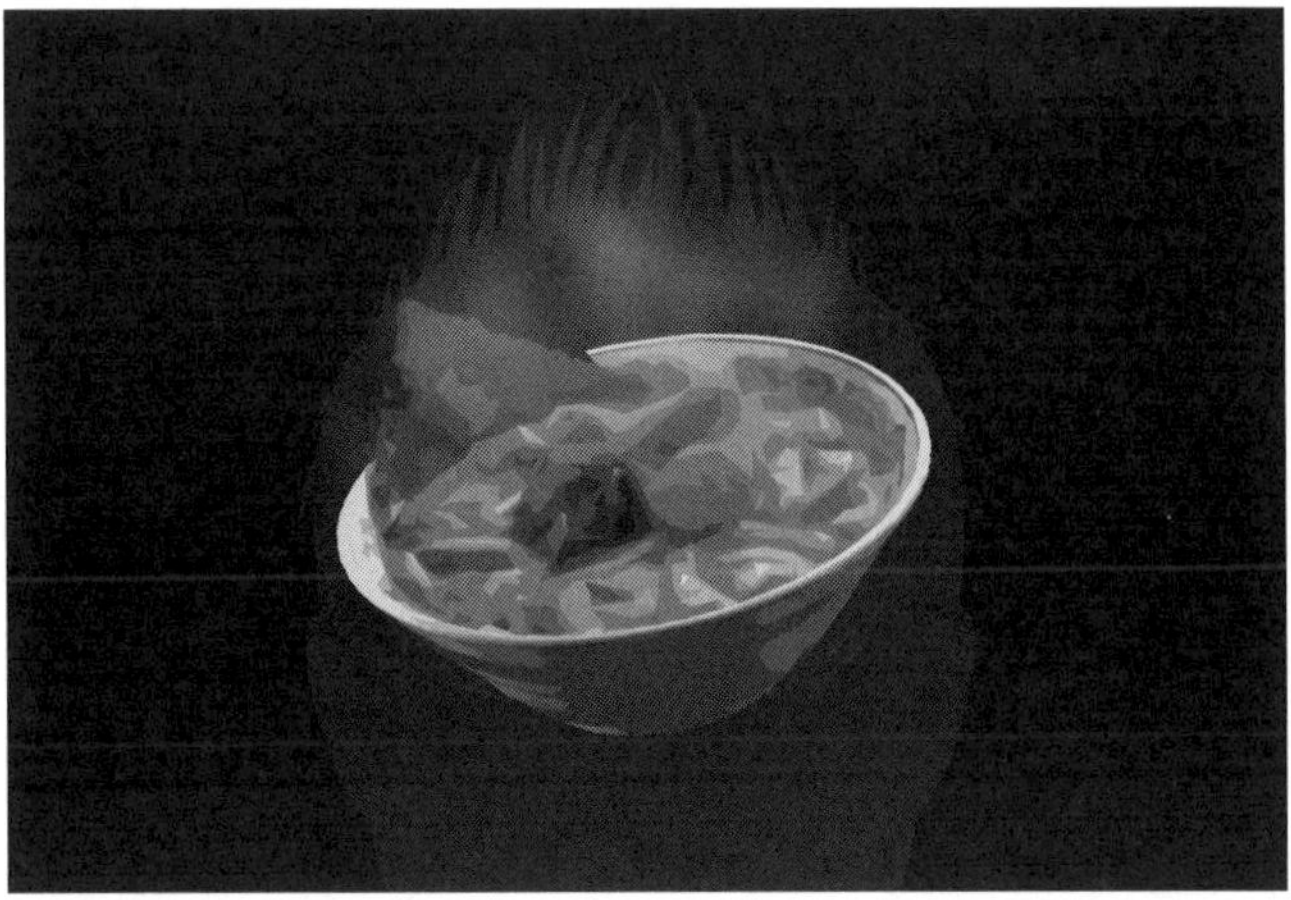

イメージと意識の違いの一つは、経験があるかないかです。スカイダイビングをしたことのある人は、空へ飛び出す瞬間から、地上に到着するまでを意識できます。しかし、その経験がない人は「飛び出すときは怖いだろうな」「たぶんすごい風圧なんだろうな」「パラシュートを開くときはどんな感じなんだろう」というぐあいに、すべて想像するしかないのです。

行ったことのない外国は、ただ思い描いてイメージするだけです。しかし行ったことのある人は、そのときの体験が蘇って、まるでそこにいるような意識状態になれます。

日本人の多くは、ラーメンの味は知っています。イメージするまでもなく、それを食べている様子も味も意識できます。しかし、まったくラーメンがない国の人は、味も意識できないし、どんな形をしたものかさえも意識できません。とんでもないイメージを持つかもしれません。

南国の人は、雪を知りません。写真や映像で見たことがあれば、なんとなくイメージすることはできます。しかし、雪を知っている地方の人にとっては、何の苦労もなく雪を意識できるのです。

このイメージと意識の違いは「経験があるかないか」です。しかし、経験がないことでも、イメージと意識の違いはあります。

たとえば、大学に入ったイメージを描いても、実際に入れる訳ではなく、大学に入ろうと「意識」しなければだめなのです。痩せたイメージを描くだけで、食べ続けていればいつまでも肥ったままです。痩せようと「意識」して、そのための努力を始めれば、必ず実感を伴った手応えが得られるのです。

この違いは、イメージは頭で想い描くだけであり、意識は現在から未来へかけて実感を伴う内容だからです。

企業のトップになったイメージを想い描いてもいいのですが、企業のトップになろうとするならイメージを想い描いても無駄なのです。企業のトップになろうとするなら、そこへ向けて意識をして、一歩近づくための努力を始めなければならないのです。

瞑想でも大切なのは「意識する＝実感を伴う」ことなのです。瞑想したような気分になっても瞑想状態をイメージしても意味がないのです。瞑想状態をしっかりと体験して、その実感を得る必要があるのです。

集中も同じで、集中したイメージを持っても意味がないのですが、集中したという実感があればいいのです。集中したことによって得られる感じを、しっかりとつかむことが大切なのです。

毎日同じ要領でこなしてきている仕事でも、意識してやってみると、意外な気づきがあるものです。習慣的になった仕事でも、意識してやってみるともっと効

率よくこなすことができることに気づいたり、やるべき作業を抜かしていることに気づいて、大失敗に至らずに済むこともあるかもしれません。それは、生活上のすべてに対して言えることです。
　都会生活をしていても、漠然とイメージするのではなく、しっかりとした意識を持つことが重要なのです。

6　1分を超えて息を止める

たとえば、プールの水面下に顔を沈めて、息をこらえる競争をしたことがあるかも知れません。そうすると、苦しくなって「もう駄目だ」という瞬間が来て、顔を出してしまうのです。そのときに「あと3秒頑張ろう」と思うと、実際にはその倍以上続けられるのです。苦しくなったときに、腹部が動いて、呼吸をするときのような状態になります。水面下に顔があるので、実際には呼吸してないのですが、体内で、呼吸するときと同じ動きが生じるのです。その「体内呼吸」が生じると、もう少し息をこらえられるのです。

そしてまた「もう駄目だ」という瞬間が来ます。そのときにまた「あと3秒頑張ろう」と思うことで、息をこらえる時間が延びます。何度かそういうことを繰り返せるようになると、いつのまにか生命力が強化されます。

息を止めることを最も正確に計れるのが水中です。人間が水中にいる時には、空気ボンベに頼るか、潜水艦の中にいるのでもなければ空気を吸い込むことはできないのです。水中にいるとしたら、当然息を止めていられる時間内ということになります。

息を止めたまま水中深く潜るフリーダイビングというスポーツをやっている人たちは、間違いなくかなり長時間息を止めて水中にいることができます。

その世界で神様的な存在のジャック・マイヨールは、ヨーガ呼吸法や瞑想法を実践しているので、私の教室を訪ねてきたことがありました。彼は１９７６年に、人間には不可能だとされていた水深100メートルの閉息潜水（素潜り）世界記録を達成しました。このときの総潜水時間が３分40秒でした。

私が指導している研修にも、息を止めるタイムトライアルはありますが、基本的に1分を超えることを目標にしています。ふつうの人は1分を超えるだけでも相当大変です。その間にも、苦しくなって腹部が動き「体内呼吸」が自然に起きるでしょう。その苦しさを我慢できると、その後しばらくは保てるのです。そしてまた苦しくなり体内呼吸が始まるという繰り返しになるのです。その壁を何回乗り越えられるかが、記録を伸ばすポイントになるのです。

1度目ですぐあきらめてしまう人と、2度3度と苦しくなっても頑張る人では、生命力が違います。こういう場面で生命力の差がはっきりと数字にでてくるのです。

何度か練習すれば、1分は超えられるようになります。その先は練習次第で2分でも3分でも止めていられるようになります。その苦しさを乗り越える回数が増えるほど、精神力や忍耐力、集中力、生命力などが増大するのです。いつでもどこでも手軽にできるので、チャンスを見つけて試してください。

7 常識の枠を超えよう

瞑想をするときには、予備知識をなるべくなくして、純粋な状態で取り組むことが望ましいのです。

私たちは日々いろいろな景色を見ていますが、いちいち不思議に思ったりしていません。たとえば、電車が遠くから近づいてくるときは、前が大きくて後ろのほうが小さく見えます。それが目の前を通り過ぎて、向こうに遠ざかるときには逆になり、後ろのほうが大きくて前が小さくなります。これが何の不思議でもないのは、遠くの物は小さく見えるという「常識」に慣らされているからです。しかし、そういう予備知識が全然なければ、驚くことになるでしょう。

生まれてから今日までに植え込まれた知識のフィルターをはずせば、世の中すべて驚くことばかりになります。

電車に乗っているときに、近くの景色と遠くの景色が少しずつずれながら移動していくのも不思議な現象です。すぐ近くの電柱や看板は目の前をアッという間に通り過ぎていくのに、遠くの山などはなかなか移動しない。それを赤ん坊と同じように、経験や知識をもたない状態で眺めれば、驚くべき不思議な現象が目の前に展開することになるのです。

不思議なものは不思議なのだから、パッと見たときに、純粋に不思議だと思った方がいいのです。常識的には当たり前でも、自分が変だなと思うことは大切にするべきです。それを、科学的には解明されているのだから「自分のほうがおかしい」と考える必要はないのです。

むしろ科学のほうが間違っている、と思うぐらい自分の感性を大切にするべきです。そういう素朴な感性がなくなってしまうと、きわめて画一的な発想しかできなくなり、発展性も独創性もなくなってしまうのです。

画期的な新商品や斬新なデザインなど

は、常識を覆す独創的な視点から生まれるのです。

瞑想によって超人的な能力や感覚を身につけるということの秘密が、実はここにあるのです。常識にとらわれずに、ちょっと視点を変えてみることが重要なのです。

能力や感覚の枠を拡げるためには、最初に枠が必要になります。その枠というのが、いわゆる常識なのです。それを超えると超常識ということになるのです。

生まれたばかりの子供は純粋無垢で、周りに人がいようが何だろうが、泣いたり、騒いだり好き勝手なことをします。それは、まだ枠組みができていないから許されるのです。ところが、そのまま大人になってしまっては困るので、枠を作っていくのです。「それをやってはだめ」「こうしなさい」という具合に枠が作られる。常識という枠ができ、常識人になる。その上でその枠を超えていくのです。

生まれたばかりの子供は、まず枠を作ることが先決です。しかし、大人の場合はすでに常識の枠ができているから、それが「作られた枠だ」ということを悟れば「超える」ことができるのです。

8 純粋状態に近づこう

テレビ番組のなかで、ある学者が面白い実験を見せていました。それは「子供のとき、ガラスが透明だというのが不思議だった。それを学校の先生もちゃんと説明してくれなかったので、ずっとどうしてなのかと思い続けてきた」という質問に対してのものでした。

「なぜガラスが透明なのかというと、密度が濃いからです。本当にそうなのかどうかを見せましょう」といって実験したのです。その実験で、その辺にある適当な品物を圧縮していくと、本当に透明になってしまったのです。

この実験は非常に示唆的であり、教えられるものがあります。一番密度の濃い状態というのは、何も見えない状態であって、密度が粗くなるにつれて、私たちの目に存在として見えてくるということです。空気やプラーナやさまざまな宇宙に満ちているエネルギーが、見えないのは、密度が濃いからなのです。

最も完璧な絵画や書というのは、キャンバスや紙に描く前の状態です。白紙の状態は非の打ちどころがないのですが、そこに一つ何か描いたとたんに〝非の打ちどころがある〟ということになるのです。どんな名作でも文句をつける人はかならずいます。それは描かれているからなのです。

描く前の状態が完璧であり、それが一番密度の濃い状態です。一流の人はそのことを知っているから、自分がどんなに素晴らしい作品を創っても、絶対に満足できないのです。つまり、白紙の状態に太刀打ちできないのを知っていて、少し

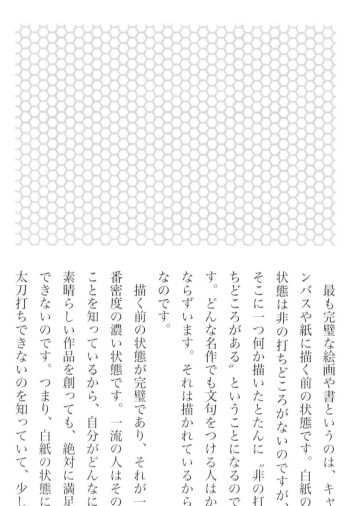

でもそれに近づこうと思っているから、どんどん凄い作品が出来上がってしまい、それでも満足できないのです。逆にそれがつかめていない人は、自分の作品に満足してしまうのです。

ブッダやキリストは、手をかざすだけで盲人の目が見えるようにしたり、空中からパンを取り出したり、ということをおこなったのですが、ポイントは「純粋状態にどれだけ近いか」にあります。ダイヤモンドやガラスに近い状態ならば、能力は発揮されます。

瞑想の練習をして、少しでも純粋状態に近づけば、それだけでパワーに溢れた状態を作れます。パワフル人間になれば、仕事量がいくら多くてもどんどん消化できるし、クリエイティブな能力も遺憾なく発揮できます。

9 瞑想が深まるとどうなるのか

本書の瞑想練習を続けるだけでも、当然瞑想は深まります。その瞑想能力は、仕事に活かせるし、自分の霊性も高まります。霊性が高まるというのはどういうことなのか、を考えてみましょう。

私たち日本人は、霊的な体験というと、動物霊が憑くとか、不浄な霊がどうのとか、守護霊とか、どうもそういう方へ話がいきがちになります。しかし、瞑想を深めていくと、そういう霊とのかかわりはなくなるのです。正確にはそういうかかわりに引っかからなくなるのです。

瞑想をしていて、霊的なものが出てきた場合に、恐怖感や不安感があると、瞑想はうまくいきません。深い瞑想状態というのは、そういう感情に引っかからない世界なのです。「法悦境」とか「至福」という言葉で表現されているのですが、単純に幸せな状態ではないのです。それよりはるかに魅力的でありながら、純粋であり冷徹な世界なのです。瞑想を深めていって、実際に体験するしか理解しようのないのが、本当の「深い瞑想状態」なのです。

そんなすごい体験は、都会でふつうに社会生活をしている人には、関係ないと考えるかもしれません。しかし、いきなり深い瞑想状態にするのではなく、現在の状態からほんの半歩踏み出すだけでいいのです。少しだけ集中力を高め、ちょっと精神力を鍛え、わずかに洞察力が養われることで、生命力が強化されるのです。

重要なのは「ほんの少し」の変化です。それだけで、人生が大きく変わる可能性があるのです。まずは、ここまでに紹介した練習方法を、一つだけでもいいので試してください。

コラム 4

都会で生活していると、ついその流れに身を任せてしまいがちです。あわただしく日々を過ごしていても何とも思わなくなっている自分を、立ち止まって振り返ってみるといいです。決められた通りの仕事をこなし、予定通りに日々を過ごしていると、生命力が弱体化する危険性があります。

生きる力、生きていこうとする力というのは、自分で取捨選択することから生まれます。人間的な成長が生命力を強めることにつながります。人間的な成長は、自分で考えて自分で行動することから始まります。毎日同じことの繰り返しをしていると、考えることをしなくなります。そうなったときにこそ、その毎日の行動を考察してみるのです。そこには普段見過ごしていたことを見つけたり、新たな発見などがあるはずです。その発見によって翌日からの行動に変化が生まれます。それが人間的な成長となり、その結果生命力が強化されるのです。

今、この瞬間から「惰性で生きる」のではなく、あらゆることを「自分で思考し」「自分の考えで行動する」ように心がけてください。

第5章

描く瞑想

——瞑想イラストと瞑想画のススメ

瞑想はただ坐っているだけで、うまくできたかどうかも判らない、と思っている人が多いでしょう。確かに坐って瞑想している人が何人かいたら、誰が瞑想状態なのか、誰が雑念状態なのか、誰が魔境に入っているのかなど、表面的には判別できません。そのため、間違った瞑想を何十年も続けていても、気づかない人がいるのです。

つまり、瞑想をしたような気分になっていて、実は空虚な時間を過ごしているだけという人が出てしまうのです。そういう過ちを起こさないために、優れた瞑想指導者の指導を受けるといいのですが、現実的にはなかなかそういう指導者に巡り合わないものです。

そこで、今の自分の瞑想状態を、目で見て判る方法があれば便利だと思いませんか?

私は拙著『時間と空間、物質を超える生き方』(ヒカルランド)の出版パーティーで100冊にイラスト付きサインを描きました。そのイラストは、パーティー前日に、ほぼ徹夜して全部違う100種類のイラストを描いたのです。それが2015年1月

瞑想イラスト

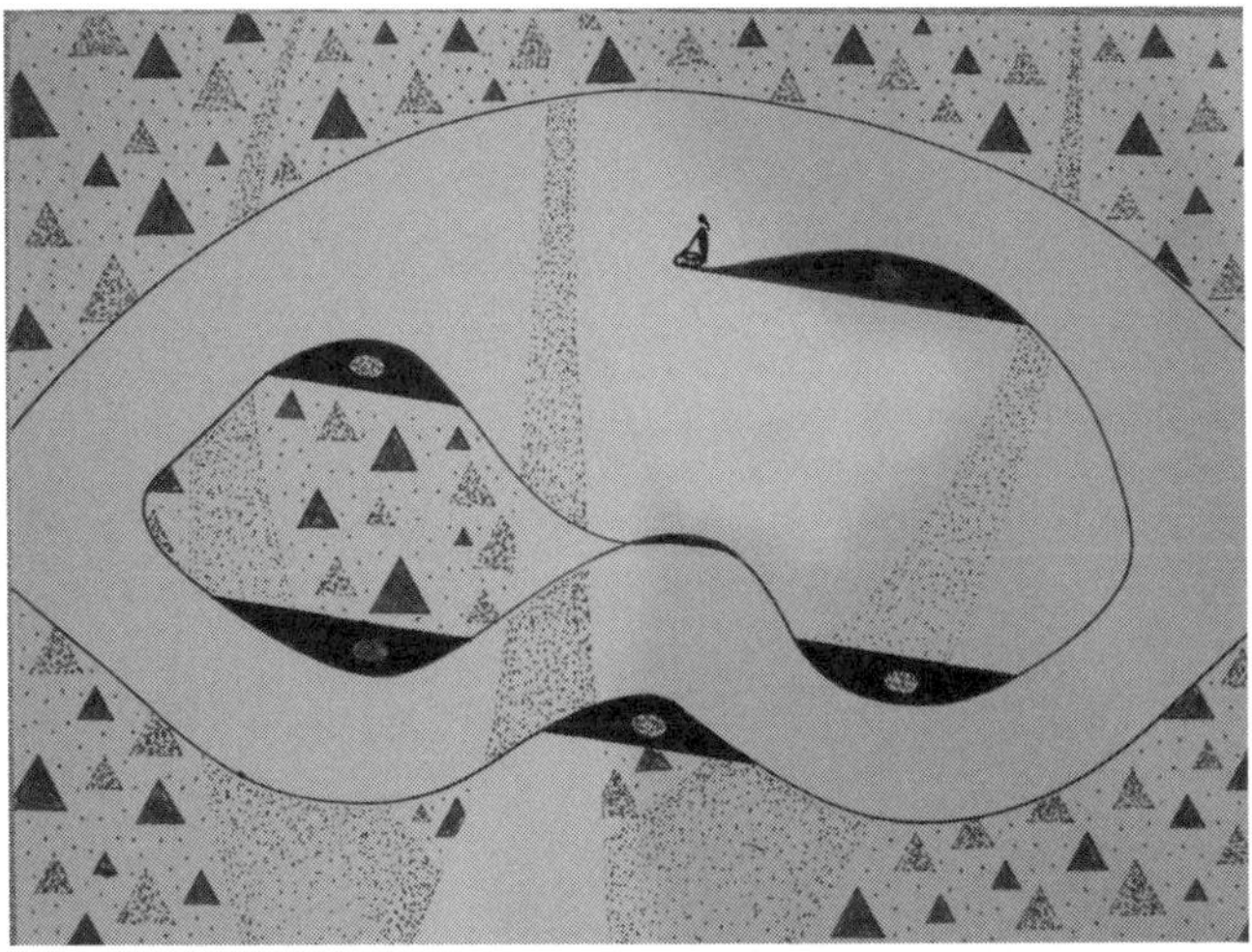

のことで、その1年後に「瞑想画」を描きだしました。描きためた「瞑想画」は、２０１７年8月に「田中八重洲画廊」で「成瀬雅春『瞑想』展」という個展を開催し、そこで披露しました。その後、「瞑想イラスト」を描くようになりました。

「瞑想イラスト」と「瞑想画」の違いは、この先で説明します。

いずれにしても、自分の瞑想状態を、目で見て確認できるというのが、「瞑想イラスト」と「瞑想画」です。それを描くことで、瞑想能力も上がりますので、試してください。

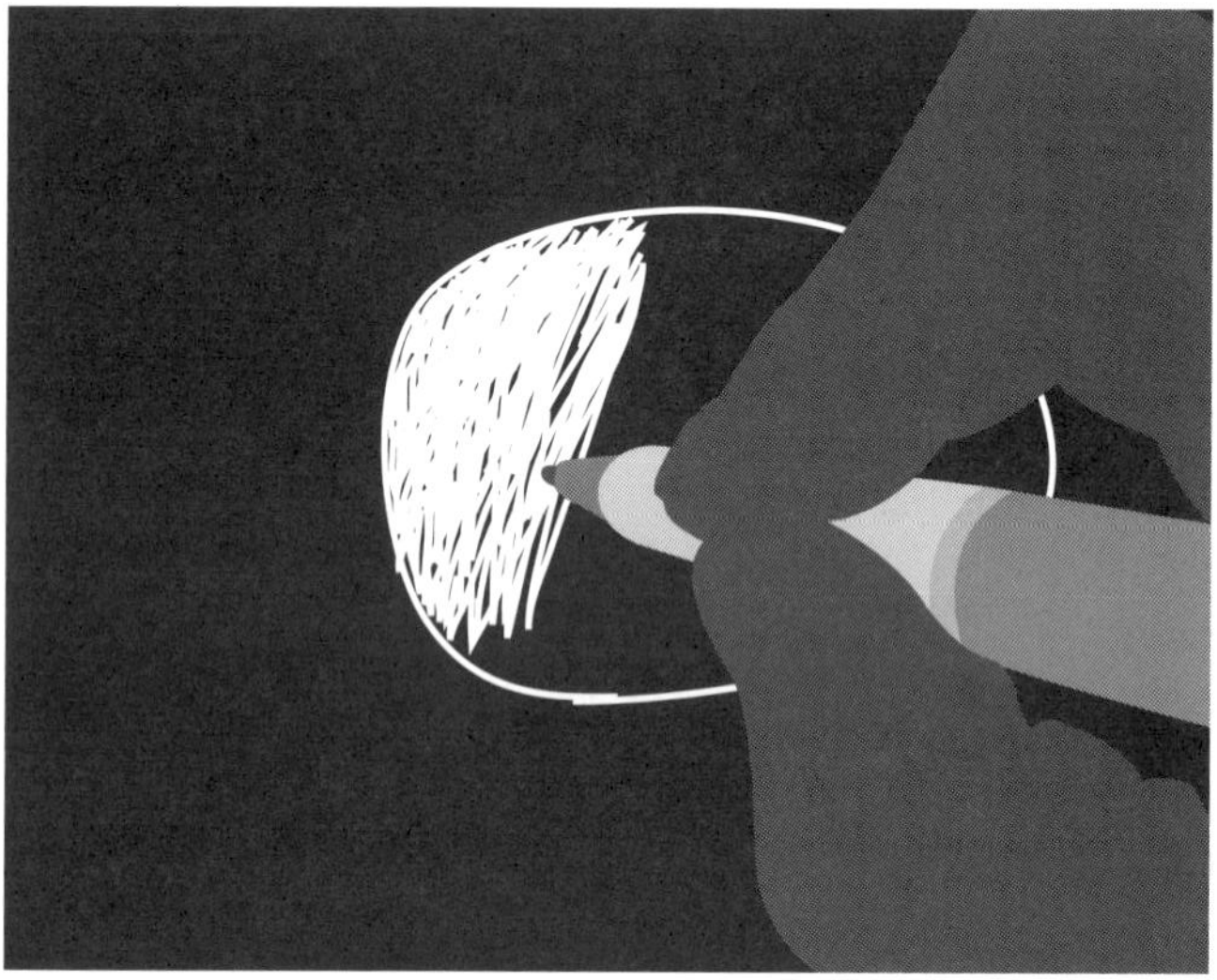

1　思考を介在させない

電話中メモ用紙に、ペンで無意識に線や模様を描いてしまったという経験があるでしょう。この描かれた線や模様は思考が介在しないで描かれたものです。意識は電話相手との話の内容にあります。それとは別に、ペンで丸を描いたとすると、その丸の中を塗りつぶして黒丸にしがちです。意図しないで丸の内側を塗りつぶしてしまったのです。そうすると、そのすぐ近くにもう一つの丸を描いて、また塗りつぶしてしまいます。そうやって、メモ用紙にいくつもの黒丸が描かれると、今度はその丸と丸を線でつなぎだします。その間も、意識は電話にあります。

このように思考を介在させないで線を描くのが「瞑想イラスト」のスタートであり、最も重要な部分です。いつもの行動のなかに、こういう瞑想的なことが含まれているのですが、気づいてないことが多いです。たとえば車を運転しているときは、瞑想的な能力が働いているのですが、そうとは気づいていません。

まず、運転に集中しているのですが、「運転」という行為に対しては、ほとんど思考が介在していません。つまり瞑想的な能力が働いています。もちろん免許取りたての人は、思考をフルに働かせて、運転をしています。しかし、少し慣れてきたら、「運転」そのものからは思考が離れて、その分、周囲の状況に注意を向けられるようになるのです。

「アクセルをどれぐらい踏んだらスタートがうまくいくか？」「走行中路肩に寄りすぎてないか？　前の車との車間距離はどれぐらいにしたらいいか？」「今何キ

ロで走っているのか、メーターを見た方がいいかな？」「この先左折するんだけど、もうウインカーを出した方がいいかな？」……など、こういった思考は、初心者のうちだけです。少し慣れた人はスタートするときにアクセルの踏み具合は考えません。路肩からの距離や車間距離も運転中には気にしません。メーターは必要な時に自然に目を向けます。ウインカーを出すタイミングも考えません。
　そういった思考を働かせない

分、周囲の状況に目を向けられるので、初心者より安全運転ができるのです。一番必要なこと以外は、余計な思考を働かせないようにすることで、運転が上達します。瞑想も、余計な思考が介在しないようになることで上達するのです。

2 白紙にペンで線を描く

瞑想状態に入るには、その前に集中状態を作る必要があります。瞑想のための集中には、一つのテーマを設けることが良いです。一つのテーマに集中出来た状態が瞑想の入り口です。

「瞑想イラスト」の場合は、当然「イラストを描く」というのがテーマとなります。ただ単にイラストを描くのではなく、瞑想能力を駆使してイラストを描くのです。「良いイラスト」を描くのではなく、「良い瞑想」をすることが中心です。その瞑想状態の良し悪しが、描いたイラストに出てくるのです。

思考を介在させないで、ペンを走らせることが、最初のポイントです。意識せずに描かれた線が、瞑想イラストの土台になります。その土台の上に、瞑想によって浮かんでくる映像を描き出すのです。

最初の線を描くときに思考をめぐらせずに、下書きもしないで、一気に描きます。(図①)

小さな子供が無邪気に線を描きなぐるのが、それに近いです。描き始めから終わりまでの間に、「こう描こう」とか「もう少し曲線を小さく」など、思考が介在すると、瞑想イラストの最初に描く線としては失敗です。そうはいっても、小さな子供とは違うので、どうしても思考を働かせてしまうでしょう。最初のうちは、それでもいいです。なるべく意図的な線を描かないようにしてください。何回か描くうちに、自分でも「おっ、これはいいな」という描き方ができるようになります。

瞑想能力が発揮されると、白紙という限られたスペース内に、絶妙のバランスの線が描けます。瞑想能力というのは、あらゆる状況を的確に把握できて、最良の判断を下せる能力のことです。白紙を前にしてペンを走らせたときに、瞑想能

図① 白紙にペンで線を描く

まずは自由に線を描いてみる。思考せずに、子供が無邪気に描きなぐるがごとく。

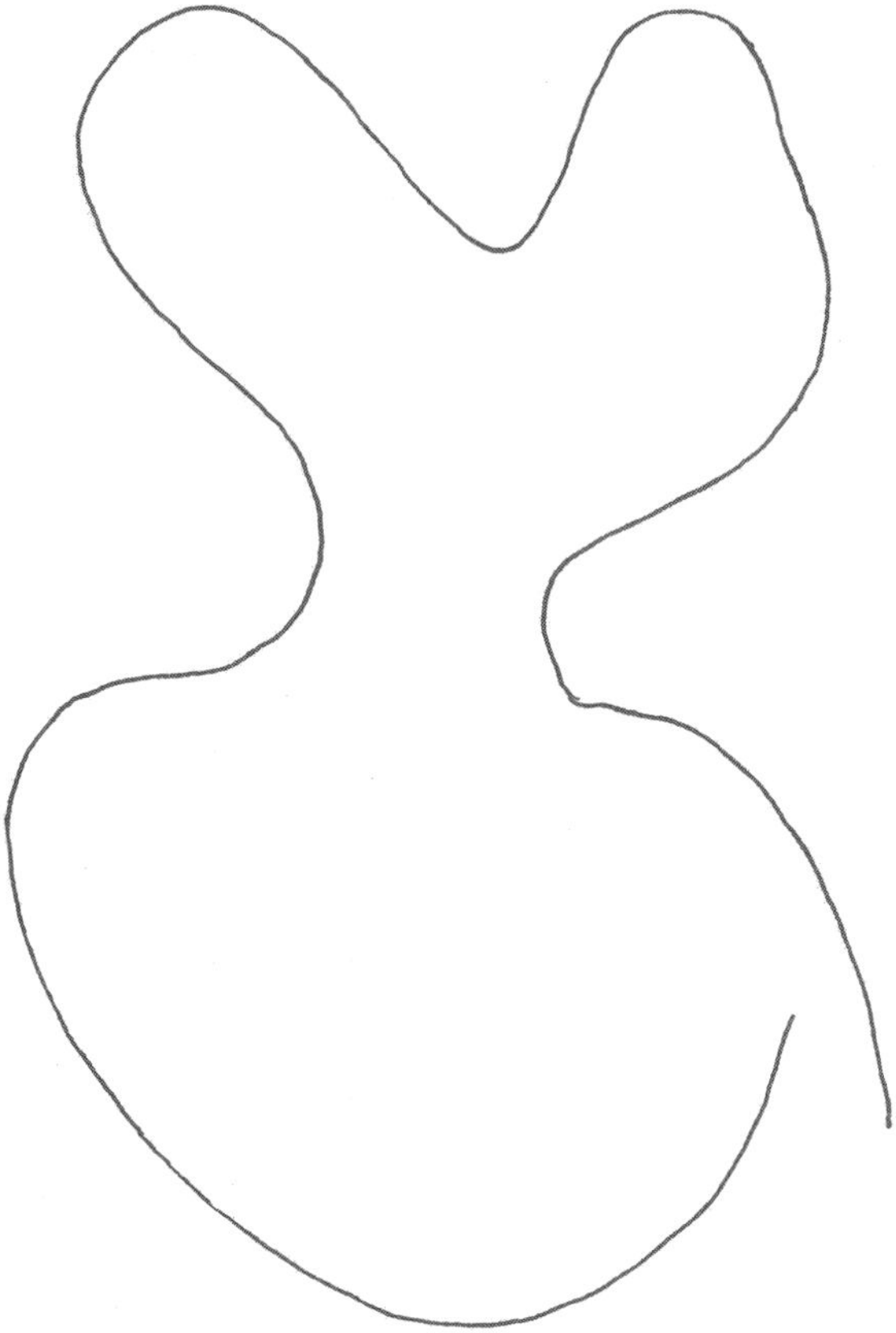

力が働くと白紙をはみ出すようなこともなければ、上下左右のどちらかに偏ることもない、バランスの取れた線が描けるのです。それには、何度も描いてみることです。

白紙に描きだされた線が、瞑想の出来具合を示しているので、瞑想能力の上達度合いが、はっきりと確認できます。そういわれても、半信半疑でしょう。しかし、実際線を描いているうちに、それを実感できるようになります。

3 瞑想者を描き入れる

私が描く瞑想イラストでは、自分（もしくは誰か）を瞑想者として、どこかに描きます。一人でもいいし、数人でもいいので、どこに坐らせるかを最初に決めます。この人数は、描き進める中で、増えていくこともあります。とりあえずこの方法を試してください。瞑想者を描き入れてみると、それだけで、全体のイメージがはっきりしてきます。最初に描いた線が気に入らなくても、瞑想者を描き入れることで、その線が面白く感じられるようになることがあります。何か一つ加わると、全体のイメージに変化が生じます。そうしてどんどん新たな展開が繰り返されて、個性的な瞑想イラストが出来上がるのです。

瞑想者を描くことで、次の展開が開けてくるようになったら、自分の個性を出した方がいいので、瞑想者を描かなくてもいいです。

ライン上に瞑想者を配置するとしたら、どこに坐らせるかを考えます。私の場合は、ヒマラヤの岩の上や氷河の上で瞑想していた経験から判断します。実際に坐っていた危険な岩を彷彿とさせるような線が描かれていると、そこに坐らせてしまいます。そういう経験がなくても、なんとなく想像して描いてみましょう。次ページ図のようなポイントを参考にしてください。どこに瞑想者を坐らせるかで、その後の展開が大きく変わります。まずは自由に瞑想者を描いてみてください。どこに坐らせても、新たな動きが始まるので不正解はないです。

この図の線は、左下のラインの切れ目が特徴的なので、この先、その内側から外側に向けて、エネルギーの流れを描くことが考えられます。その描き方は自由

瞑想者を描き入れる

最初に描きなぐった線に小さな〝瞑想者〟を好きな所に描き入れていく。どこに入れるかは自由。そもそも向きも自由だったただの線に方向を定め、〝瞑想者〟の描き入れ位置を決めていく。

ラインの上に瞑想者を置くとするならば、紙の向きは右のような4方向が考えられる。

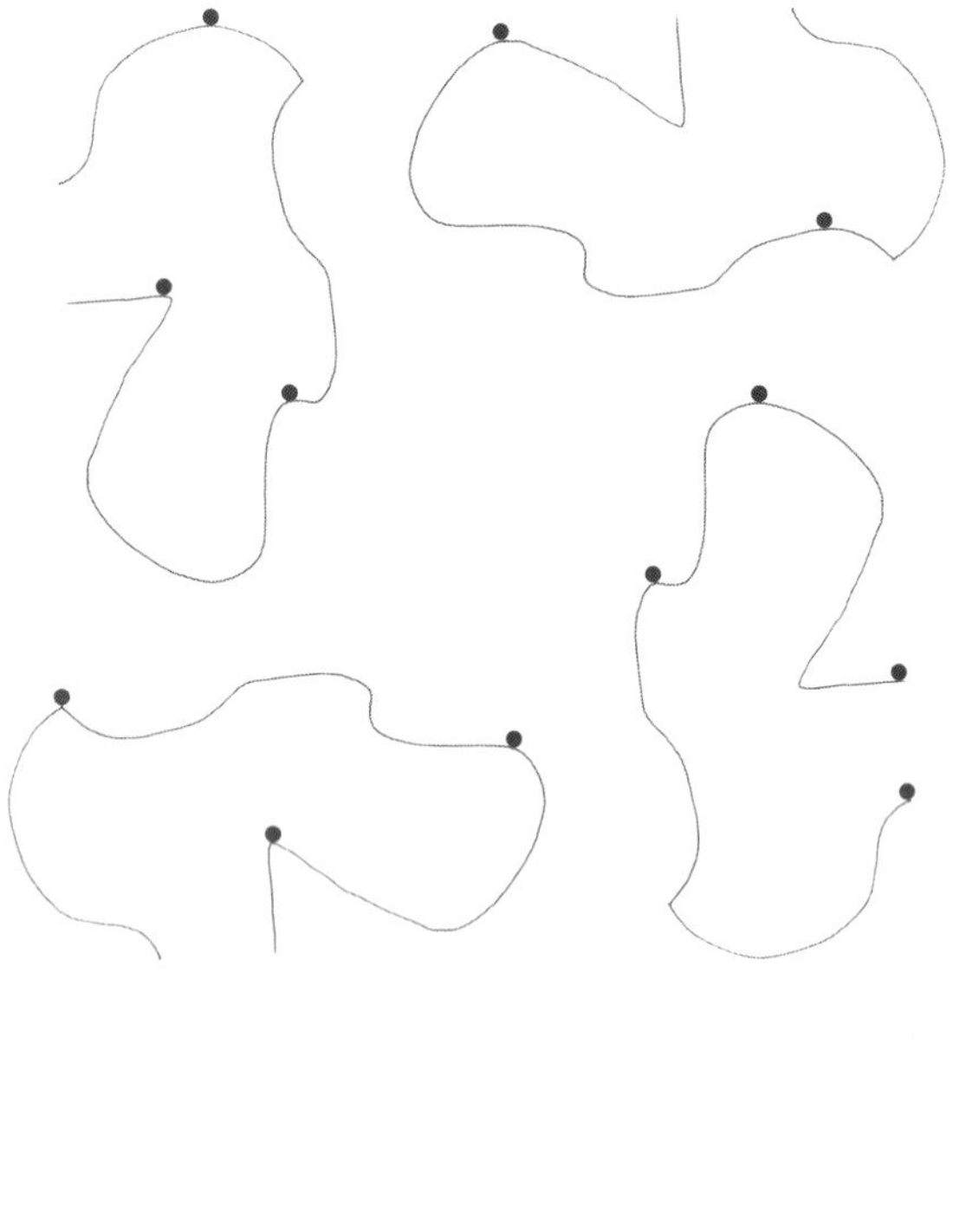

です。最初の線を描いたときに、こういう切れ目が生じたら、瞑想能力をフルに生かして描くようにします。

描いた線に瞑想者を配置する場合、紙の向きは4方向が考えられます。右ページ下図のような例では、坐る位置を●にすることで、4通りにイラストの向きが決まります。どの向きにするかは、それぞれの個性です。一つだけ正解があるということではないです。どの向きを選んでも正解だと思いましょう。

瞑想者を坐らせるのにふさわしい、ポイントを見つけます。ライン上とは限らないので、次ページ図②のような位置もあります。坐らせる位置が決まれば、白紙の向きが決まります。そして、まず瞑想者を描きます。

4 瞑想者の周囲の処理

瞑想者が描かれたら、それに対してどういうイラストを描けばいいかに進みま

図②

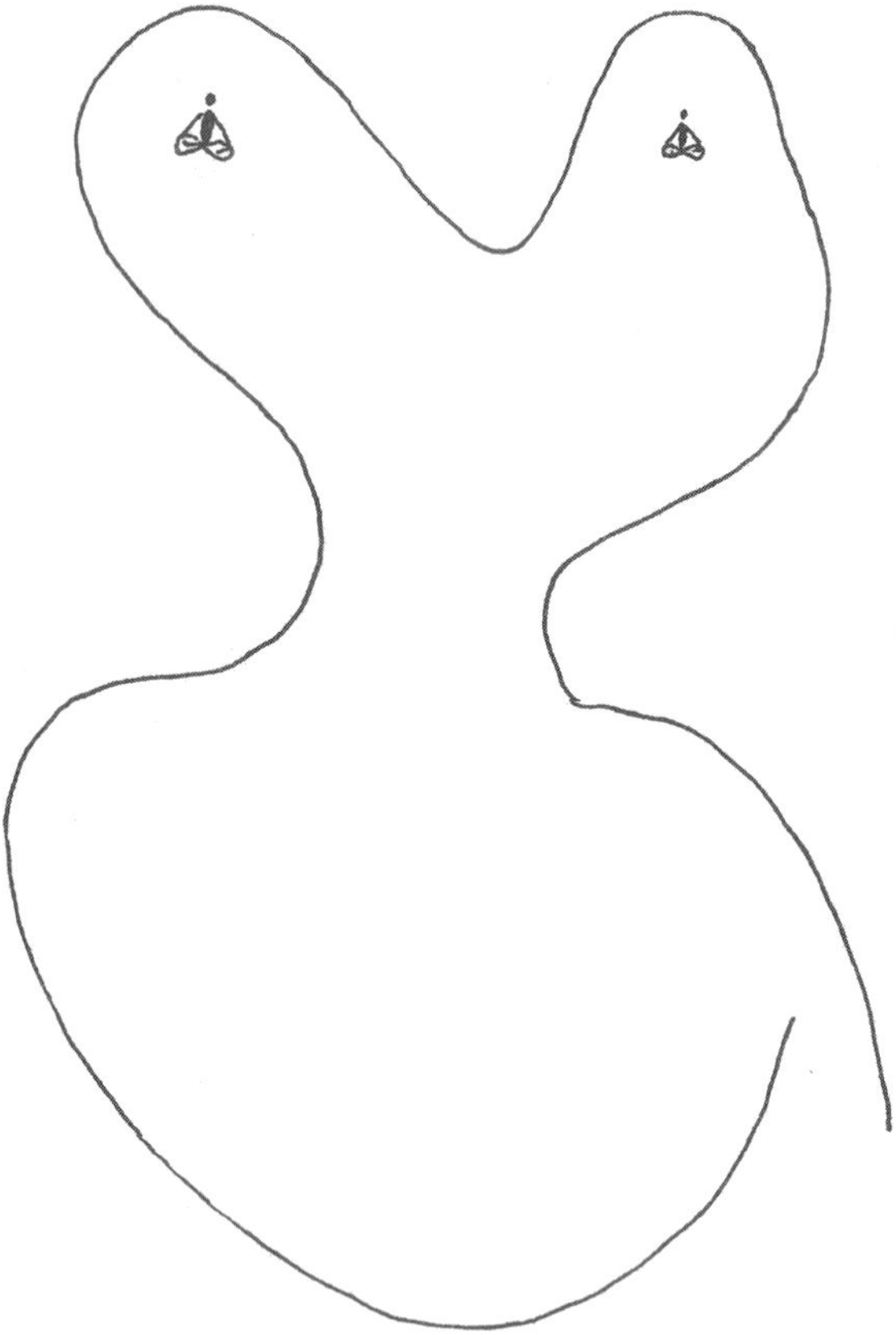

〝瞑想者〟の描き入れ位置は線上とは限らない。好きな位置に入れ、これで全体の向きも定まった。

す。最初のうちはスペースをどう埋めたらいいかを考えて、その考えた通りに描いてみます。瞑想者が描かれた周辺の空間のどこに何を描けば良いかを「瞑想」します。といっても、最初のうちは瞑想ではなく、「考える」ということで良いです。この場合の瞑想は「観想法」という瞑想テクニックを利用できます。

目を閉じている目の前のスペースに、仏画を描きだすのが観想法のテクニックで、同じように空間に描こうとするものを、まずイメージします。イメージが湧いてこなければ、どういうものを描こうか考えてください。瞑想能力がついてくると、描かれた線に対して、埋めるべき映像が浮かびあがってきます。

このイラストの例でいうと、私は瞑想者2人の周りを囲むように描き出しました。（次ページ図③）

この段階で、全体を見回すと、瞑想者2人を描いた周囲のカーブと同じようなカーブが、中央左にあるので、そこにも瞑想者を描き、その周囲も同じような模様を描き入れました。（図④）

図③　瞑想者の周囲に線を加える

瞑想者の周囲を取り囲むように模様を描く。どんな模様かも自由。

図④

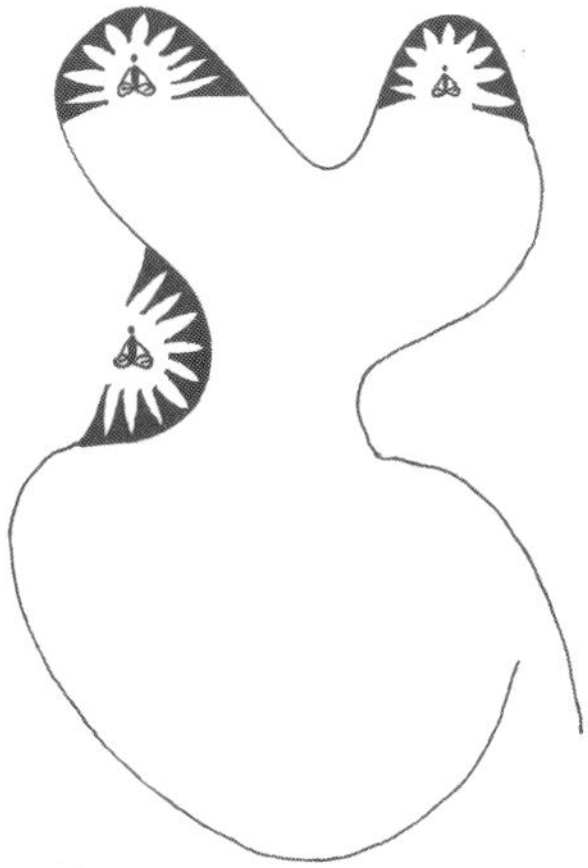

瞑想者2人のいるカーブと似たカーブを中央左部に発見。ここにも瞑想者を加えて同様の模様で囲んでみた。

5　線のバランスを整える

瞑想者3人が描かれたので、ここで全体を見回しました。そうすると、中央左に描かれた模様の下の部分からカーブの内側に向かってのラインが浮かび上がりました。洞察力や整理能力や想像力など、いろいろな能力が発揮されるのが瞑想能力です。この1本のラインが入ると、右側にもう2本のラインが見えてきます。そして、この3本のラインの内側を黒く塗りつぶそうと考えた時に、その内側に瞑想者を配置することが浮

▶中央左の瞑想者の周りの模様の下端から新たなカーブが思い浮かぶ。描き加え、その中に小さな瞑想者を加えて内側を塗りつぶしてみる。

図⑤

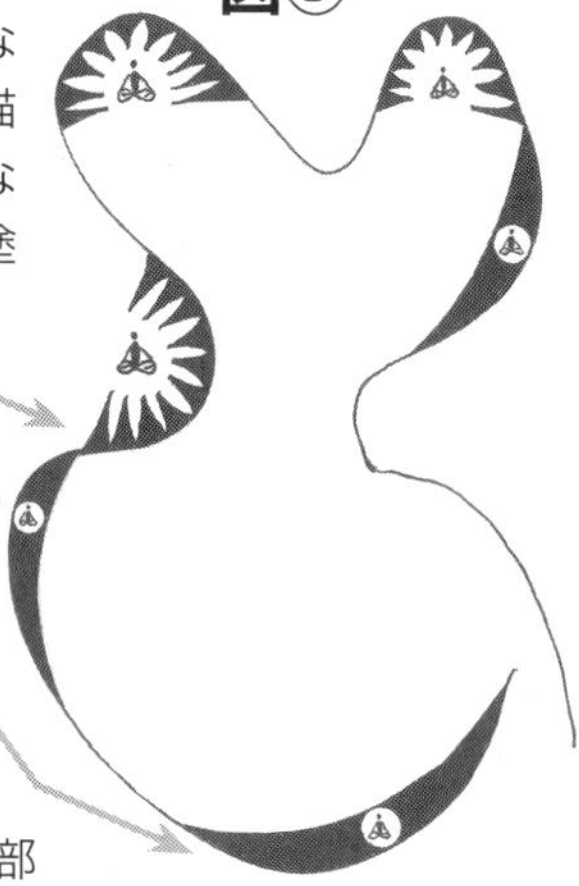

図⑥

◀右下のライン端部2か所をつないで線を引くと、上のカーブときれいにつながった！

図⑦

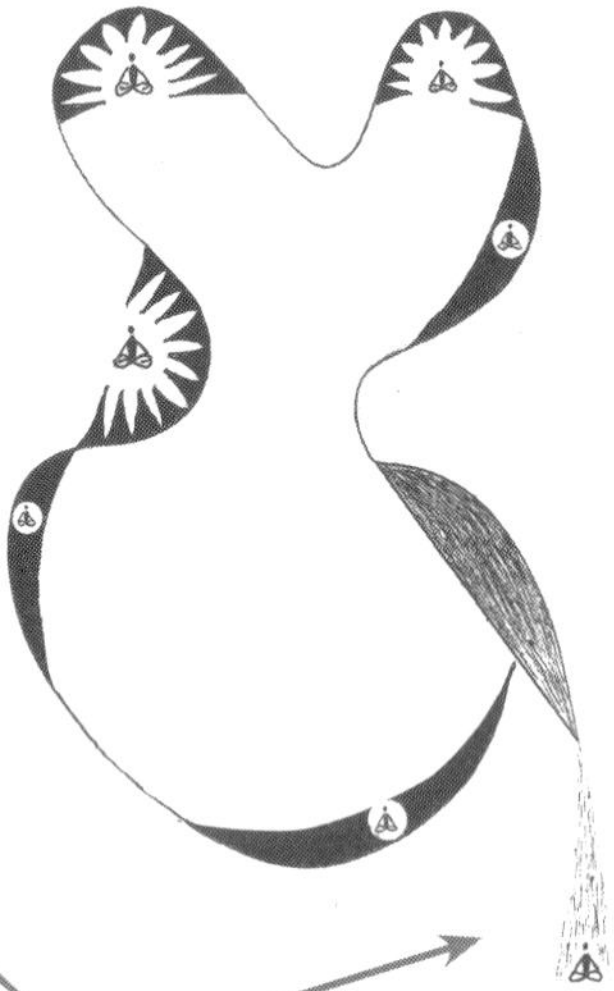

▶右下部は滝が流れるような感じに。その流れ落ちた下にはまた新たな瞑想者を。

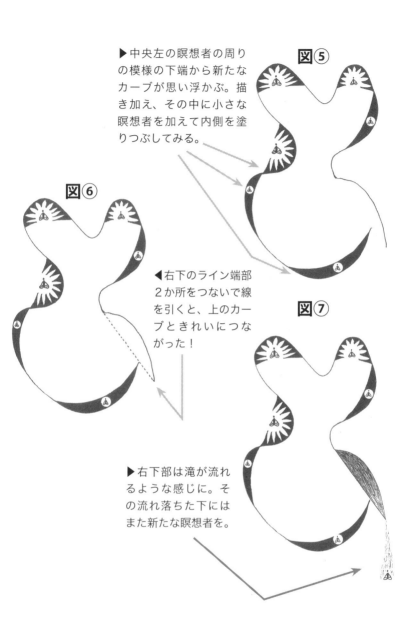

かびました（図⑤）
　ここまで描いた時点で、私は右下のラインを考えました。ここで、着目したのがラインの終点の2か所をつないで線を引くと、上のカーブときれいにつながったことです。（図⑥）
　この、お椀の底のようなラインをどう処理しようかと考えた時に、その先端から滝が流れるような感じにして、その流れの下に瞑想者を配置する画像が浮かび上がったのです。（図⑦）

6　中央の空間を埋める

　ここまでで、外側はバランスよくまとまりました。中央に空いたスペースを埋めなければこのイラストは完成しません。そこで思い切って、スペースの広い部分の真ん中に、瞑想者を配置しました。（次ページ図⑧）
　このイラストを仕上げるには、ここでしっかりとした瞑想をする必要があると

図⑧　中央の空間を埋める

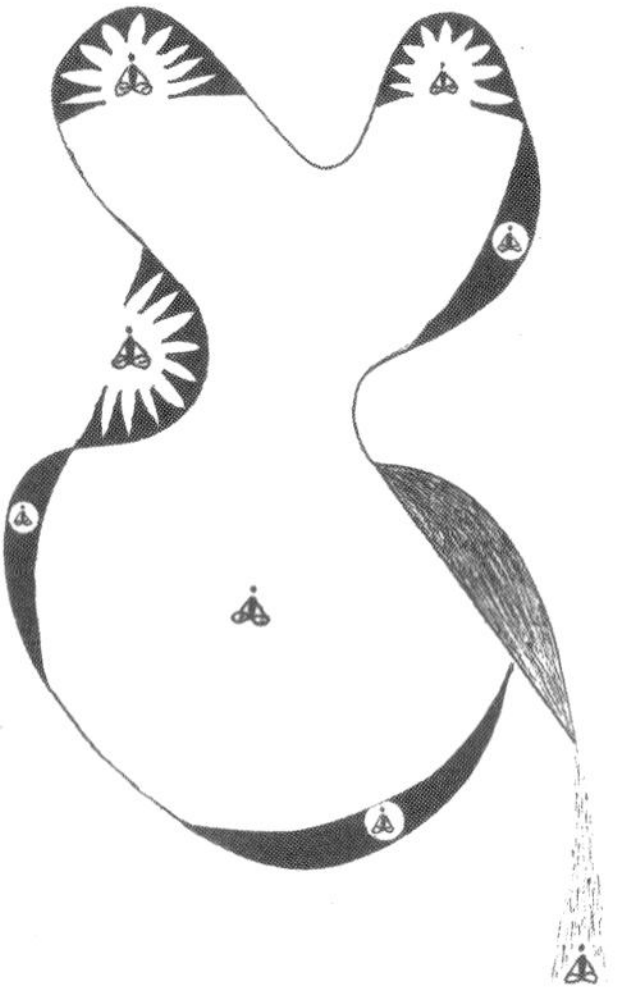

全体のバランスを意識し始めると、ぽっかり空いた中央部をなんとかしたくなってくる。まずは一番広い空間のど真ん中に瞑想者を加えてみる。

思いました。なぜなら、この空間に何を描くかで、「瞑想イラスト」になるか、それとも単なる「イラスト」になるかが決まるからです。私が瞑想した中で生じたのは、中央に描いた瞑想者の全身から流れ出ているエネルギーでした。そこでそのエネルギーラインを、点描で描きました（図⑨）。

ほぼ描き終えたときに、これ以上何も描けない状態ならば、それで完成です。しかし、まだなにか足りないなと感じられるようなら、完成とは言えません。たとえ一つの点でも、描き加えることで、全体のグレードが上がるこ

図⑨

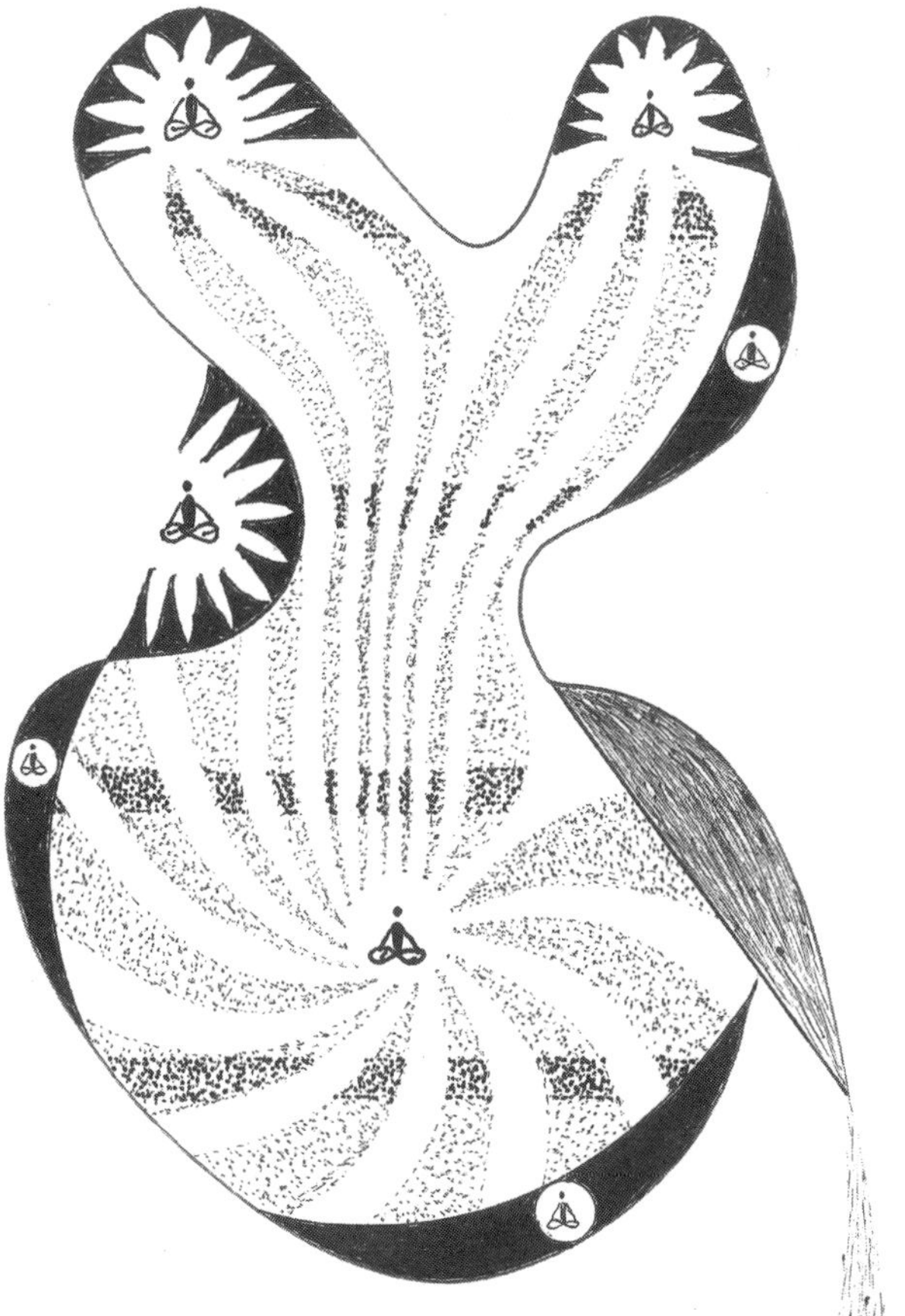

この辺が勘所。しっかりと瞑想してみる。中央に配した瞑想者の全身から流れ出るエネルギーラインが浮かぶ。点描でていねいに描き加えていく。

もうこれ以上描けない状態に感じたらそれが完成。完成はあなた自身が決める。

ともあります。

その判断の鋭さが瞑想能力です。最後の仕上げとして、そのエネルギーラインにアクセントをつけるために、横に濃い目の縞を描いて完成となりました。

7 点描瞑想

瞑想イラストも瞑想画も、最初に「何も考えずに」一気に線を描くことから始まります。たとえばきれいな円を描こうと思っても、いびつな円になるのが普通です。瞑想もスタート時点では、心がいびつな状態です。それを鎮めて安定させるのが瞑想です。

それと同じように、点描のテクニックを使って、いびつな円を安定させてきれいな円にしてみましょう。まず何も考えずに、一気に円を描きます。そうすると、当然ですが、いびつな円になります。その膨らんだ部分の内側に、ペンで点を埋めていきます。そしてふくらみの足りない部分は、その線の外側を、点で埋めていきます。そうすると、少しきれいな円になってきます。上から眺めて、きれいな円になるように、足りない部分を点で埋めていきます。

これは、瞑想を深めていく作業と同じです。いびつな心の状態を少しずつ修正していくことで、きれいな心の状態になっていくということです。

絵を描くという行為はそもそも瞑想的ですが、点描はその中でも、特に瞑想的です。瞑想が苦手、瞑想に入れないという人は、試しに白紙にペンで点を描き続

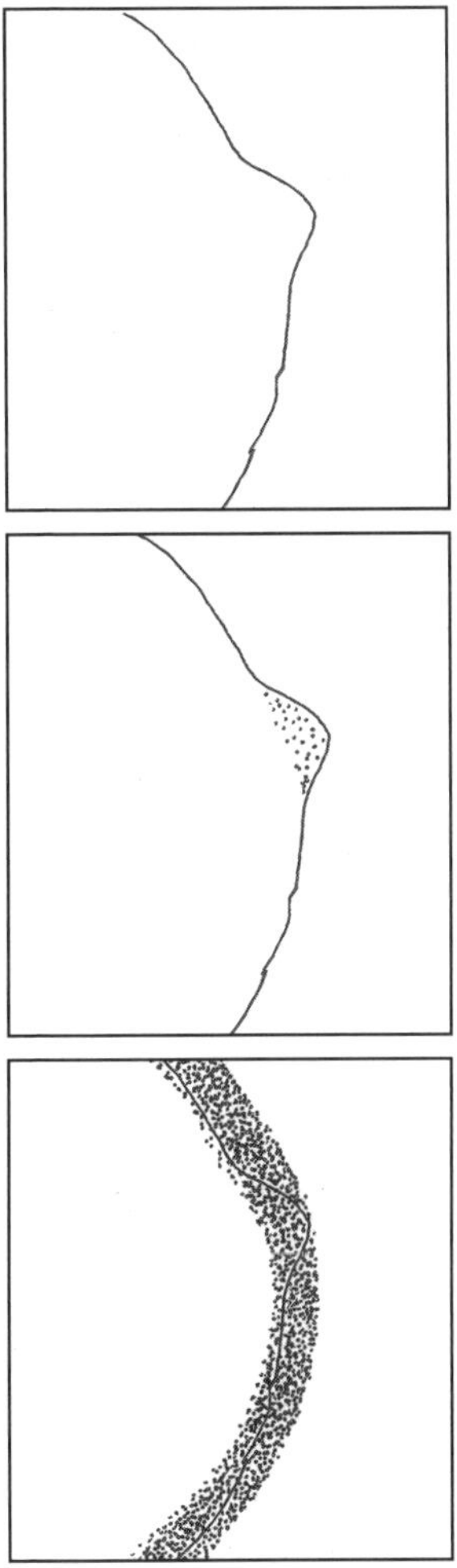

たとえ線が思うようにひけず、いびつになってしまっても、ていねいに点描で補正していけば整ったラインになる。失敗を恐れる必要などないのだ。

けてみてください。しばらく描き続けてから、目を閉じると、その状態が瞑想の入口です。自分で雑念だなと思われる想念が浮かんで来たら、また目を開けて点を描き続けてから、目を閉じます。

その繰り返しを続けるだけで、確かな瞑想となります。

どうしてそうなるのかというと、最初は「点を描く」という意識があって、描いているうちにその意識なしに、ただ描き続ける状態になります。それが瞑想に入るための「集中状態」です。その集中を続けていると、余計な想念（＝雑念）が入らなくなります。安定した瞑想状態になってくると、意識が拡大します。その意識の拡大の邪魔になるのが、余計な想念なのです。集中状態になって、余計な想念が入らなくなると、自然に安定した瞑想となるのです。

8　瞑想イラストのまとめ

ここまで、私の瞑想イラストの描き方で説明してきました。しかし、この通りに描いてくださいというのではありません。「絵を描く」という意識から離れて、自由にペンを走らせる、というアプローチと考えてみてもいいでしょう。

自由な線を描いて、そのままゴミ箱に捨てると、それは単なるいたずら書きです。それを捨てずに、描いた線を見据えるのです。そのアプローチが「瞑想イラスト」になります。そうすると、残された空間に描き出すべき「線」や「イラスト」や「映像」が浮かんできます。もし、浮かんでこなくても問題ありません。「描いた線を見据えること」が重要です。見据えていると、何らかの「変化」が生じます。それが「なんの変化」なのか「どんな変化」なのかは判りません。しかしその変化によって、その先描く「瞑想イラスト」が独特の作品になることは確かです。

瞑想能力は、整理能力であり、空間把握能力でもあります。もちろん、集中力、洞察力、バランス能力、胆力などのすべての能力が身について発揮されるのが「瞑想能力」です。

「瞑想イラスト」を描くことで、徐々に「瞑想能力」が向上します。

「無」になろうとして座り続けても、おそらくは「無」になれないでしょう。なぜなら、「無」は集中対象としては、ふさわしくないからです。集中できないで、良い瞑想が得られることはないのです。瞑想の入り口は集中からです。「無」より「イラストを描く」方が、集中対象としては、はるかに優れているのです。

白紙に一本の線を描くことを続けるだけでも、瞑想能力は向上します。さらに描かれた線から、イラストを生じさせることで、確実に瞑想能力はアップします。まずは、一本の線を描いてください。そこから、限りなく深い瞑想世界が展開していくことでしょう。

9　瞑想画について

筆を使って書く「書」には、その言葉の意味があります。私は、瞑想状態で白紙の上に筆を走らせます。「瞑想イラスト」はペンで線を描きますが、「瞑想画」は筆を使います。

描かれたものは字のようですが、基本的に文字としての意味はありません。意

瞑想画

味がないからこそ、あらゆる意味を含んでいると言えるのです。そして出来上がったものは、書や絵画にとらわれない作品なので、私は「瞑想画」と名付けました。

「瞑想画」は、まず瞑想状態からスタートします。瞑想で大切なのは、冷静な判断力です。瞑想している自分の状態や、周囲の状況などを俯瞰的に把握します。瞑想経験のない人は、気持ちを落ち着けて、余計なことを考えなければいいです。

そして、白紙の上に一気に筆を走らせます。そうすると、言葉としての意味を持たない独特の線が生じます。ここが、「瞑想イラスト」の最初の一気に線を描くのと同じ部分です。

そこから、筆で書かれた部分以外の空間を俯瞰的に見据えて瞑想意識になると、(私の場合)その空間に描き出すべき絵柄が、自然に浮かんできます。その絵柄をペンで描きます。

通常は、そんな感じでは絵柄が浮かんでこないでしょう。その場合は、残された空間に、自由に模様でもいいし、記号のようなものでもいいので、描いてください。そして全体のバランスが取れたと思えたら完成です。

中央の筆で書かれた部分が「瞑想状態」で、その周囲の絵柄が「瞑想を深めた状態」と解釈できます。

私の「瞑想画」の場合は、さらに額との間のマット部分に、瞑想画の延長として、色を使って拡げていきます。通常の瞑想でも、ある程度の瞑想状態になると、そこから世界が広がっていくのです。それと似た状態が、マット部分に描いたものだと思ってください。

そして、この「瞑想画」が書や絵画と違う大きな特徴が、「上下左右がない」ということです。描くときにもいろいろな方向から描きます。完成した作品は、どの方向から鑑賞してもいいのです。

鑑賞する人に「この方向から鑑賞してください」とか、壁に掛けるときに上下が決まっている、というような限定が無いと、自由性があり、瞑想的です。鑑賞する人の心の状態や、性別や性格などで、見る方向も見方も違うというのは、自然であり、自由であり、開放感があります。

私の描く「瞑想画」は誰がどの方向から、どんな見方をしてもいいし、いろいろな見方をしてもらえた方がうれしいです。瞑想もすべてから解放され、自由になるという方向に向かうものです。

瞑想画を、その日の気分で上下左右を入れ替えるというのも、楽しいかもしれません。斜めに飾ってもいいと思います。そんなことができる書画は聞いたことがありません。私の作品は、多くの人にそうやって楽しんでもらえるように、描いています。

そこで私だけでなく、多くの人にこの「瞑想画」を描いてもらえるように順序やコツをまとめました。

10　筆ペンで描く

用意する道具は、Ａ４水彩画紙。筆ペン。筆を用意できる人は筆がいいです。ゲルインクボールペン１ミリと0.5ミリ一本ずつ。定規（用意できれば曲線を描ける定規も）です。

中央に筆ペンで描くのですが、書でも絵画でもないので、気持ちを落ち着けて、なんの意図もなく一気に筆を走らせます。その描かれたものには、失敗はありません。どんな線になってもそれが「瞑想画」作品となります。

試しに、適当に筆を走らせて描きなぐってみてください。そうすると、それは瞑想画になりません。

少なくとも、心を静めて、余計なことを考えないで、無心に描きます。雑念が少なければ少ないほど、ピュアな作品が描けます。この部分に、瞑想能力がでるのです。

11　周辺をボールペンで埋める

筆ペンで描かれたものを作品として完成させるために、ゲルインクボールペンで、残された空間を埋めていきます。瞑想を深めていく作業と同じです。描かれた線と残された空間を見据えて、そこに描き出すべき映像が浮かんでくるのが理想です。

しかし、基本的にはどんな模様でも、どんな線でも構わないので、自由に空間を埋めていきます。水彩画用紙全体を俯瞰して描いていって、全体のバランスを整えます。

そして、これ以上描くとバランスが崩れるギリギリのところまで描いて、瞑想画は完成します。

自由に描くといっても、まったくテクニックがないと手がかりもないし、まとまった作品にするのは難しいです。そこで、まずは私のテクニックをなぞることで、作品としての精度を上げるようにしましょう。

最初にするべきことは、空間をどのように分割するかです。とくに中央に描かれたものの邪魔にならずに、むしろそのエネルギーを引き出すような空間処理が必要です。筆で表現された瞑想形態との距離が重要です。それと筆が抜けていった先の空間を解放するか、閉鎖するかも大切なことです。それによってエネルギーの流れが大きく変わってきます。

筆で描かれた軌跡が周囲に埋められるべきスペースを決定するとも言えます。だからこそ、最初に瞑想状態で描く部分が大切なのです。そのエネルギーの流れをしっかりと把握したうえで、周囲の空間との分割線を決めるのです。

12 瞑想画と瞑想の共通点

瞑想画を通して、瞑想を知ることができます。瞑想と瞑想画の共通点を並べてみます。

まず瞑想のスタートは、白紙の状態になることです。瞑想画は、まず白紙と対峙します。つまりスタートは、可能であれば、何もない状態が理想です。瞑想画も、白紙に何か描かれた状態からスタートすると、その描かれたものに影響されてしまうので、白紙の状態からのスタートが理想的なのです。つまり、描く前が一番の勝負どころだということです。

瞑想は、自分の意識力で瞑想状態に入ります。これには、ある程度のテクニックが必要です。瞑想画は、白紙に一気に筆を走らせます。テクニックは必要ありません。その描かれたものを、瞑想状態だと捉えます。

瞑想は、瞑想状態に入ったら、そこから瞑想を深めていきます。瞑想画では、瞑想を深めていく行為と同じようなアプローチをします。それには、筆で描かれた「瞑想状態部分」と残りの白紙部分に意識を向けます。それが瞑想を深める手がかりだと解釈します。そうすると、その白紙部分に「何か」を描くことで作品の内容を深めることになります。そうなるように描くべきものが、浮かび上がってくれば、大成功です。

しかし、そう簡単には浮かび上がってこないかも知れません。その場合は、考えてイメージしてください。その白紙部分にどういうものを描いたら、バランスが良くなり、完成度が上がるかということを考えるのです。

瞑想も初期段階では、どうすれば瞑想が深まるかを考えます。作品の完成度を上げることも、瞑想を深めることも似たようなアプローチです。整理能力や洞察力などが活かされます。

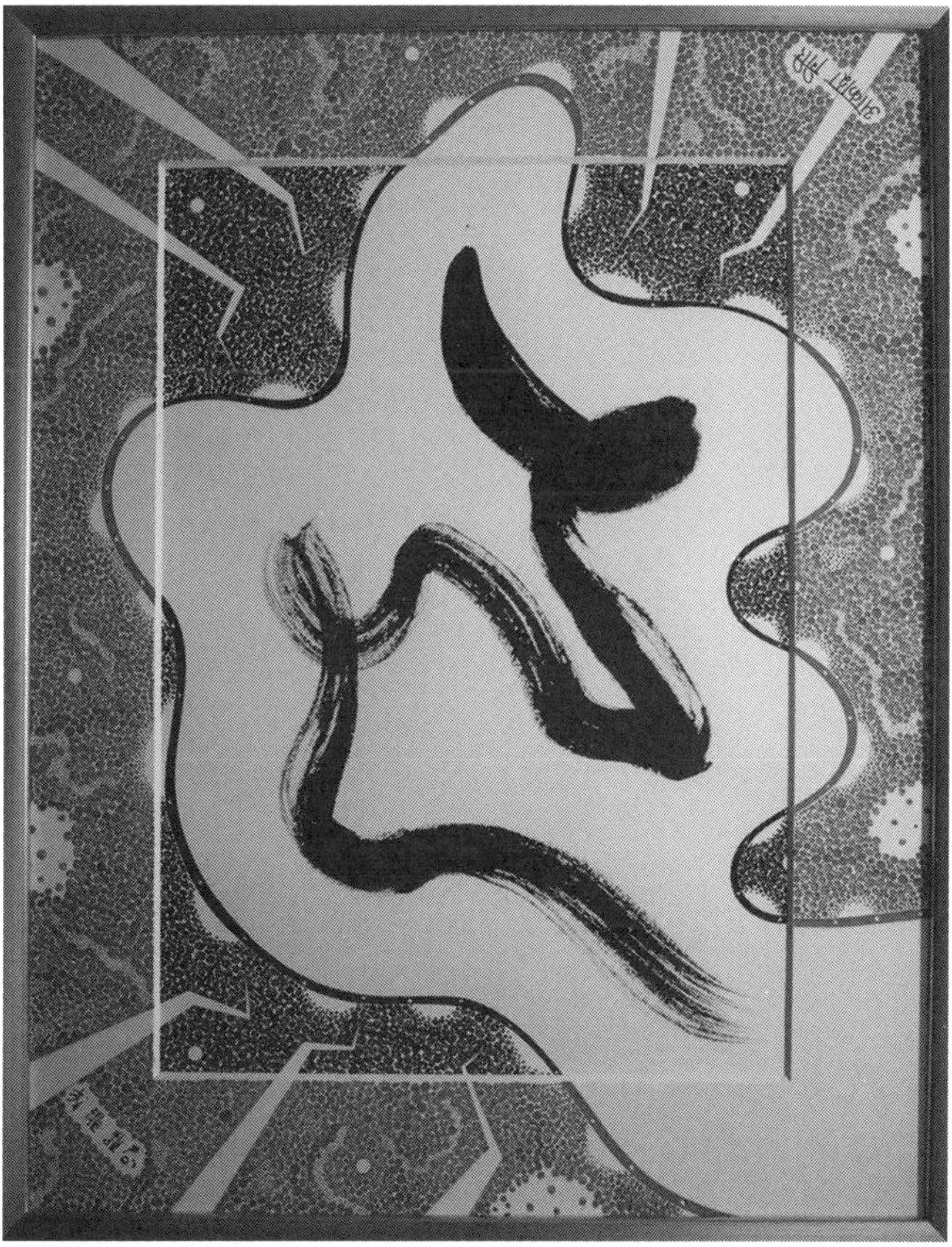

昨今は、「写経」や「大人の塗り絵」など、心の癒しが得られる出版物が求められています。この「瞑想画」も、描くことで、心の平安を得られると思います。しかも、絵心や、上手下手ということは、関係ありません。なにも考えずに、筆を走らせるのは、ストレス解消になります。空間を自由な発想で埋めていくことで、単なる落書きでなく「瞑想画」となるのです。毎日描いてみて、その日の精神状態を知るということもできます。出来上がった作品は、自室に飾ってもいいし、誰かにプレゼントしてもいいでしょう。

瞑想という、一般的にはつかみどころのないものが、一枚の白紙の上に描き出されることで、身近な存在になれば、心の豊かさが育まれます。それをきっかけに瞑想に親しむようになれば、さらに人生が充実することになるでしょう。

コラム 5

禅の書画で「円相《えんそう》」というのがあります。一筆で円を描くのですが、「一円相」「円相図」という呼び方もあります。悟りの境地を表現したものと言われています。また全宇宙を現したとか、真理を描いたという解釈などがあります。「円窓」と書いて、自分の心を映す窓ともされています。

いずれにしても、思考を介在させないで、一気に描くというのは「瞑想イラスト」「瞑想画」の最初と同じです。瞑想イラストと瞑想画も最初に一気に描いたところで終わりにすれば、「円相」と同じですが、ヨーガの瞑想世界はそこから拡がっていきます。

私の実践している瞑想は、宇宙の果てまで拡げるのではなく、宇宙の果てを超える瞑想です。人間の頭脳で考え出した限界を超えることで、あらゆる困難に立ち向かえるのです。一気に描いた一本の線、一筆のラインに対して、そこからさらに描き出せるスキを見出すことが重要です。どんなに絶望的な状況でも、それを抜け出せるスキはあります。瞑想能力でそれを見出してください。

終章

都会的瞑想生活

私は東京の五反田でヨーガ教室を開いています。まさに都会のど真ん中です。標高4000メートルのヒマラヤで過酷な修行を終えて日本に帰ると、都会のど真ん中での生活になります。

いろいろな人に「なんで空気のいい田舎で暮らさないんですか?」とか「よくこんな世俗まみれの東京で生活できますね」などと言われます。しかし、私にとってはヒマラヤも東京も、生活環境としては同じです。

「ヒマラヤにはコンビニもないだろうし交通機関もないだろうし、とても同じじゃないよね」と言われますが、それはその通りです。コンビニもない、交通機関もない、携帯電話の電波も届かない、ホテルもないのでテントを張るしかない、という環境が東京と同じ訳がありません。

私が「生活環境としては同じです」といった理由は、充実した生活ができるという意味での生活環境のことです。都会にあるようなものがなにもない環境では、電話もかかってこないので落ち着いて瞑想ができます。もちろん急ぎの仕事もないし、電車に乗ってどこかへ行く必要もない。その意味で快適な瞑想環境といえます。

一方、都会にいると電話もかかってくるし、コンビニに買い物にも行きます。そういう環境の中でも、落ち着いて瞑想できるタイミングを見つけさえすれば、ヒマラヤにいるのと何ら変わらないのです。また、都会で忙しくしていることが、集中力、洞察力、判断力、瞑想能力などを身につける格好の材料です。

どういう環境下でも、自分自身を冷静に見つめて、瞑想ができれば何ら問題ないのです。都会には、瞑想ができる場所もたくさんあり、瞑想ができる時間も取ろうと思えばいくらでも取れます。私は都会には快適な瞑想空間が溢れていると思っています。

1 瞑想が必要な理由

ここまで、いろいろな瞑想方法を紹介してきました。瞑想イラストと瞑想画も含め、どの瞑想法でも都会生活に役立つものばかりです。都会で生活している人に、瞑想をお薦めするのはなぜでしょうか？　それは、都会生活の人には瞑想が必要だからなのは、言うまでもないです。

そこで、もっと本質的な疑問「瞑想が必要ってどういうこと」について考えてみましょう。私たち人間には瞑想が必要なのですが、その理由の一つに「人間は動き回る」ということがあります。動き回っているのと、不動の状態では、不動の状態の方が瞑想的だと言えます。一般的にのんびりとした田舎暮らしと比べて、常々せわしなく動き回っている都会人には、目を閉じて気持ちを落ち着ける時間が必要なのです。

動物でも、せわしなく動き回っているハツカネズミやアリと比べると、ゾウガメやハシビロコウやナマケモノなどは、せわしなく動かない分瞑想的だと言えます。擬態する動物もほとんど動かない例が多いです。また、動かないという点では、動物より植物の方が動きが少ない分、瞑想的だといえます。植物も見た目には動かないようですが、長い時間をかけて動いています。

落ち着きのない人よりは、冷静にものごとを見据えられる人の方が、知的であり、瞑想的です。

2 山積する疑問や問題点

動き回ることが悪いのではありません。むやみに動き回るのが良くないのです。無計画な行動は慎むべきです。これから起こるであろうことを、しっかりと見据えて冷静沈着な行動をとるのがいいのです。

ただし、単に都会で動きを少なくすれば瞑想的かというと、そうでもありません。たとえば引きこもりの人や、ホームレスなどは、行動という面で考えれば動きの少ない例でしょう。その人たちが瞑想的かというと、そうとは言えません。一日中部屋の中でなにもすることがなく過ごしていても、それは瞑想的だとはいえないのです。仕事もなく、公園の片隅でボーっとして一日が過ぎ去っていく生き方も瞑想的ではありません。

「でも、一日中坐って瞑想している人と同じじゃないか」という意見が出るかもしれません。その違いは「何のために坐り続けるのか?」です。やることがなく坐り続けるのか、やることがたくさんあるので坐っているかの違いです。しかもその「やること」の内容の違いも大きいです。一日中ゲームをやっていたり、拾ってきたマンガ本を読んでいるというのは瞑想的ではないのです。

瞑想のために坐り続けるのは、集中力、精神力、洞察力、胆力、生命力を高めるためであり、人生でのあらゆる疑問や問題に対する解答を得るためです。

生きていくうえでは、いろいろな問題が生じます。金銭的な問題、仕事上の問題、人間関係のトラブルなど、いろいろな問題に立ち向かいながら生きていくのが人生です。生活上の問題に限らず「なぜ生まれてきたのか?」「生きるって何?」「死ぬって何?」「これからどうやって生きていけばいいのか?」「前世はあるのか?」「死後はどうなるのか?」から、「宇宙の果てはどこ?」「人類はこれからどうなるの?」「地球はいつ滅亡するの?」など、死ぬまでに解決しておきたい疑問は山ほどあります。そういうどんな疑問でも、解決できる可能性を持つのが、瞑想能力なのです。

3 疑問や問題や障害を見つける

疑問点や問題点は、瞑想するための材料です。なるべくたくさんの疑問点や問題点を見つけた方が、瞑想材料が多くなります。たくさん見つけられるということは、たくさん解決できる可能性も高いということです。人生において、最初から何も疑問も問題も障害もない人はいません。日々諸問題が生じてくるのが人生です。

瞑想は障害や壁を乗り越えるためにあります。何一つ疑問や問題や障害のない人生だとしたら、人間としての成長は望めないです。もしそう思っている人がいたら、それは何一つ疑問や問題や障害がないのではなく、それを見出す繊細さや観察力がないだけです。

少しでも自分自身を見つめる観察力が身につけば、人生のあらゆることに対する疑問や問題や障害は、いくらでも見つけられるのです。問題が多いことは悪くないです。問題に気づかないことが良くないのです。気づけばそれは解決の方向に向かえるのです。

4　行動力が必要

人間はいろいろなところに出向き、いろいろな人と出会い、いろいろな経験を積むことで成長するのです。何もしなければ、何も始まりません。何かをすることで、何かが始まるのです。それによって、何らかの問題が生じます。そして、その問題を解決するために知力体力を駆使することで、人間としての成長が望めるのです。

動き回ることで、瞑想材料がたくさん集まります。だから、坐って長時間の瞑想ができるのです。瞑想材料がたくさん集まったことで、長時間瞑想する必要が生じるのです。意味もなく必要もなく、ただ坐って瞑想しても無駄です。そして動き回るといっても、これも意味もなく必要もなく動き回ってもダメです。意味もあり必要もある行動をすることから有意義な人生がスタートします。

5 日常生活が瞑想材料

「意味もあり必要もある行動」といっても、特別のことではなく、日常生活のことです。会社に仕事に行き、趣味を楽しむ時間を作り、家事をして、子育てをして、健康管理をする、といったことです。この日常生活の中から、瞑想材料がたくさん集まるのです。

仕事が順調にはかどるとは限りません。当然取り引き先とのトラブルがあったり、上司から無理難題を吹っ掛けられたり、労働条件が以前より厳しくなったりなど、いろいろな障害が生じます。それが格好の瞑想材料となるのです。

趣味を楽しんでいても、うまくできなかったり、仲間内でのトラブルが生じたりすることもあるでしょう。日ごろの家事においても、細かな問題点が生じることもあります。子供が小さいうちは、毎日が戦場のような状態でしょう。健康に気を付けていても、血圧が高くなったり、血糖値が上がったり、肥満気味になったりと、心配な日々が続きます。

それらのすべてが、自分を成長させる瞑想材料となるのです。

6 気持ちよく仕事をするには

取り引き先とのトラブルがあったら、まずはその原因を探ります。こちらに非がある場合は相手に謝らなければなりませんが、それだけでなく、その先の展開を考えるべきです。あらゆる状況を的確に判断して、最良の対処をすることができるのが瞑想能力です。

上司から無理難題を吹っ掛けられて、口論になったり、口を利かなくなったりすれば、その後の関係もさらに悪化します。そういうときに、瞑想の整理能力を発揮するのです。上司のいう無理難題を、まずは詳細に分析します。そして、その中でできることとできないことを、はっきりと分類しましょう。そのうえで、上司に説明すればいいのです。Aは今日中に出来ます。Bに関しては、3日ぐらい時間をもらわなければ難しい。でも、今日中になんとか、その半分ぐらいまではやるように努力します。Cの案件は、当社で引き受けるのは、そもそも難しいのではないでしょうか。

という具合に説明して、上司を納得させれば、その後の関係もうまくいくでしょう。単に口論するのではなく、冷静に分析して判断を下すという姿勢を常々持っていれば、仕事上のトラブルは大幅に少なくなります。

7 趣味の楽しみ方

趣味を楽しんでいても、いつまでも上達しないで、落ち込むこともあるでしょう。その場合は、自分のしていることを、少し客観的に見るべきです。毎回同じところで、失敗をしてしまうようなら、その部分をもう少し、細かく観察しましょう。アプローチを変えたり、いろいろと工夫するのもいいでしょう。それによって、一時的には、下手になったような気がするかもしれません。それでも、マンネリから脱却した方が、その後のことを考えると得策です。

趣味の内容がパソコン画面を見続けるものなら、視力が低下する可能性がありま す。マラソンが趣味なら、ヒザを傷める可能性があります。その他いろいろなスポーツの趣味でも、それに関するリスクは必ずあります。

そのことを無視して趣味を続けていれば、病気をしたりケガをしたりすることになります。自分がしていることを冷静に見つめることが、瞑想的なアプローチです。そういうアプローチができれば、これから起きるであろう病気やケガを、事前に回避することが可能になります。

同じ趣味の仲間内でのトラブルが生じたりすることもあるでしょう。これは、仕事上にも共通することですが、相手の立場に立って考えることが重要です。そのことだけで、トラブルを回避できる可能性があります。

8 家事と子育て

日ごろの家事においても、細かな問題点が生じることもあります。たとえば料理でも、手順を一つ抜かすと、せっかく美味しく作ろうと思っていたのが、台無しになってしまいます。掃除、洗濯、買い物なども、何から始めてどういう順序でこなしていけばいいのかを判断するには、瞑想能力が必要です。今日の買い物は何時に行くのがベストなのかを、ちゃんと考察しておきたいところです。もちろん絶対に必要なものと安ければ買うものと、どっちでもいいものなども、自分の頭の中で整理しておくべきです。掃除のタイミングも洗濯のタイミングも、判断を誤ると効率の悪い結果となってしまいます。

子供が小さいうちは、毎日が戦場のような状態でしょう。それこそ、子供と対等に言い合ったり追いかけたりしていたら、体力がもちません。子供は意外に正論には弱いのです。こちらが感情的になってしまうと、子供の方がパワーがあるので負けてしまう可能性があります。理路整然とたしなめて、子供を納得させるのがいいのです。「親の言うことだから聞きなさい」というのはなるべく避けましょう。

叱られる理由を説明して、納得させるのが最良の方策です。子供は納得しないと、何度でも繰り返します。小さいうちから、対等な一個人として対処していると、自分で考えて行動できるような子供になります。

9 喫煙習慣から離れるには

健康に気を付けていても、血圧が高くなったり、血糖値が上がったり、肥満気味になったりと、心配な日々が続きます。とくに気を付けなければならないのは「生活習慣病」です。「生活習慣」というのは、食事の内容、喫煙習慣、運動習慣、飲酒習慣を指します。この中で最もリスクの高いのは「喫煙」です。

現在、喫煙習慣のある人は、肩身の狭い毎日を過ごしていると思います。今や喫煙のできる場所は、都会にはほとんど無くなりつつあります。都会の駅周辺は、路上喫煙禁止の場所が増えています。社内禁煙の会社も増えつつあります。また喫煙習慣のある人は採用しないという会社もあります。換気扇の前でとか、ベランダに出て喫煙する、と決めている家庭もあります。

都会的瞑想生活に興味を抱いたのですから、愛煙家の人はこの際、喫煙習慣から離れることを考えてはどうでしょうか。

Aさんが、あるとき「ヨーガの呼吸法で禁煙できますかねえ」と聞いてきたので、私は「できますよ」といって、その数日後Aさんに7日間の呼吸法メニューを渡しました。そして一週間後に「いやあ、完全にタバコを吸えなくなりました」と報告してきたのです。

Aさんは、当時「ゴマブックス」の編集長をしていました。「これを出版しましょう」ということになり、『禁煙呼吸法』が2002年7月に出版されました。だいぶ以前の本ですが、アマゾンなどで購入できるようです。

「喫煙」は何をしているのかというと、呼吸法をしているのです。ゆっくり煙を吸い込んで、フーッと吐きだす動作は、まさに呼吸法なのです。ただ、身体に害のある物質を取り込むから悪いだけです。タバコを吸いたいという衝動に駆られたときに、ゆっくりと息を吐いて、ゆっくりと吸い込んでください。それを数回しているうちに、その衝動は収まっていくでしょう。

ゆっくりとした呼吸が、疑似的な喫煙になっているのです。しかも、有害物質を取り込まなくてすむので、積極的に実践するべきです。

10 食生活について

私は肉と魚は食べません。……というと「菜食主義ですか？」と聞かれますが、それも違います。食べたいものを食べたいときに食べたいだけ食べているだけです。食の選択方法としては、身体の内部からの要求を聞き逃さないようにしています。そうすると、肉や魚を食べたいという声は聞こえません。野菜も特別食べたいという要求は生じないので、積極的には摂ってないのです。

「それで大丈夫なの？」と思うかもしれません。人間も動物です。たいていの動物は何10品目も摂ってません。それどころか、草食動物は、草だけを食べているし、肉食動物の多くはほとんど生肉だけを食べています。人間から比べると極端な偏食です。

人間だけが、いろいろな食品をバランスよく食べようとしているのです。その方が不自然だと私は思います。その考え方は、一般的には受け入れられないでしょうが、この食傾向で長年生きていて、なんの不都合もないので、私はこれからもこういう食生活を続けます。

その辺のことでは、アメリカとカナダの栄養士会が２００３年に興味あるデータを発表しています。牛乳や卵を摂らない完全な菜食でも栄養は摂取できるし、菜食者はガン、２型糖尿病、肥満、高血圧、心臓病などのリスクが減るし、認知症のリスクも減るというのです。

沖縄はもともと長寿の地方として知られていました。それはもともと肉食文化でなかったからです。ところが食の欧米化でその傾向が変わりました。２０１０年代には65歳以下の心筋梗塞や脳梗塞が増加し、平均寿命が急激に下がったのです。

肉食によって死亡リスクは増えますが、私のように肉を食べないことで、死亡リスクが増えることはありません。そうはいっても、いきなり肉食から菜食にするのは、お勧めできません。その前に、自分はどういう食を欲しているのかを、自分自身に問いかけるのです。

目を閉じて瞑想するのは、目に見える世界に惑わされないためです。食の選択を目でしている人が多いのですが、それを改めるだけで、食傾向はかなり変化します。昼食時に外へ出て、飲食店に行くと、食品サンプルを見て、「何を食べようかな」と考えるのは、目で選んでいる行為です。

それは、自分が必要としている食べ物ではなくて、見た目で美味しそうなものを選んでいるのです。食品サンプルに目を向けないで、自分の内側に目を向ければ、正しい食を選択できます。そういう習慣が身につくだけでも、健康的な身体を得ることができます。

11 本当に必要なもの

食べ物だけではなく「欲しいもの」はなんだろうか？　何かを欲しいと思う動機の多くは、「見た」からです。食品サンプルを見て「食べたい」と思うように、通販番組で便利グッズをみると、欲しくなります。ブランド品を目にすると、手に入れたくなります。会社勤めなら直属の上司の地位を欲しくなります。起業家の成功を目にすると、自分もそうなりたいと思います。

世の中には、欲しいもの、手に入れたいものが溢れています。しかし、それはどれだけ手に入れても満足できません。人間の欲望には限りがないのです。

しかし、本当に自分が必要としているもの、欲しているものは、目に見える世界にはありません。目を閉じて静かに自分自身を見つめると、その「本当に自分が必要としているもの」が見えてきます。瞑想によって得られるものは、無限です。「小さな幸せが欲しい」「宇宙の真理を知りたい」「正しい人生の選択をしたい」「健康に生涯を全うしたい」など、目に見える世界を追いかけていたら、逃してしまうものばかりです。

喧騒の都会で生活していても、ほんの少し目を閉じて、気持ちを静めて、瞑想的な時間を取ることで、得がたい宝ものが手に入ります。「得がたい宝もの」は大金を積んで得るのではなく、自分自身を見つめる瞑想の中から得られるのです。物が溢れている都会だからこそ、瞑想が必要なのです。

「さあ、一時間の瞑想をするぞ！」と意気込むのではなく、ほんの3分程度、目を閉じて自分の内側に注意を向ければいいのです。難しいことをいきなり始めると挫折します。

簡単な集中練習、簡単な瞑想練習から始めてください。それが、瞑想法上達のカギです。瞑想をするという習慣は、確実により良い人生につながります。

おわりに

私はヒマラヤのゴームク（標高4000m）で毎年修行を続けました。そこはガンジス河のスタートポイントで、氷河と岩と河以外なにもないところです。そこで瞑想を積み重ねることで、瞑想能力が上がったことは確かです。

普段は東京の五反田でヨーガ指導しているので、一年中ヒマラヤで修行している訳ではありません。ヒマラヤで修行して、日本に帰ると都会の喧騒の中でヨーガ指導をするという繰り返しです。

その経験の積み重ねから気づいたのは、都会の真っただ中は「瞑想に最適の空間だ」ということです。それが本書を上梓するきっかけでした。

私がここに紹介した瞑想テクニックは、そのどれもが深山幽谷でするものではなく、都会で実践することで、その日から役立つものばかりです。毎日1時間の瞑想を続けている人が瞑想の達人になるということではありません。

ほんの3分とか5分、いや30秒でもしっかりと集中して、意識を切り替えて瞑想をすれば、その積み重ねのほうがはるかに、瞑想の達人への近道なのです。もっとも、瞑想の達人を目指す必要はありません。「人生の達人」と表現を変えた方が適切でしょう。

集中力が強化されると、瞑想能力が高まるだけでなく、日々の生活から無駄が省かれていくので、時間にゆとりができてきます。瞑想をすることで精神力が向上しますので、どんな逆境にもめげないだけの粘り強さが身につきます。

洞察力が養われることで、自分や家族、友人関係や会社などの将来をしっかりと見据えることができます。そうすると、現在の状況からくる不安感などがなくなりますので、自信に満ちた毎日を送ることができます。

基本的な生命力が強化されることで、健康長寿が約束されます。心身ともに健康を保って、都会で実践してこそ役立つ瞑想を身につけてください。本書によって、あなたに豊かな未来が訪れることを切に願っています。

2018年10月

成瀬雅春

成瀬雅春（なるせ　まさはる）
ヨーガ行者、ヨーガ指導者。1976年からヨーガ指導を始め、1977年2月の初渡印以来、インドを中心にアジア圏を数十回訪れ修行。地上1メートルを超える空中浮揚やクンダリニー覚醒技法、心臓の鼓動を止める呼吸法、ルンゴム（空中歩行）、系観瞑想法などを独学で体得。2001年、全インド密教協会からヨーギーラージ（ヨーガ行者の王）の称号を授与される。2011年6月、12年のヒマラヤ修行を終える。成瀬ヨーガグループ主宰。倍音声明協会会長。朝日カルチャーセンター講師。
著書：『心身を浄化する瞑想「倍音声明」CDブック』（マキノ出版）、『死なないカラダ、死なない心』（講談社）、『時間と空間、物質を超える生き方』『死ぬのを楽しみに生きると人生の質は最高になる』（ヒカルランド）、『ハタ・ヨーガ完全版』『呼吸法の極意　ゆっくり吐くこと』『クンダリニー・ヨーガ』『瞑想法の極意で開く　精神世界の扉』『悟りのプロセス』（BABジャパン）、ほか多数。

装幀：谷中 英之
本文デザイン：リクリ・デザインワークス

都市と瞑想　**日常こそが最高の瞑想空間！**

2018 年 11 月 30 日　初版第 1 刷発行

著　　者　成瀬 雅春
発 行 者　東口 敏郎
発 行 所　株式会社ＢＡＢジャパン
〒 151-0073 東京都渋谷区笹塚 1-30-11 4・5F
TEL　03-3469-0135　　FAX　03-3469-0162
URL　http://www.bab.co.jp/
E-mail　shop@bab.co.jp
郵便振替 00140-7-116767
印刷・製本　中央精版印刷株式会社

ISBN978-4-8142-0174-7　C2077

DVD & BOOK Collection

DVD　6つの基本で心身バランスを整える

ハタ・ヨーガ Exercise

ハタ・ヨーガで心身機能の向上を!

6つの基本で心身バランスを整える。ハタ・ヨーガの実践ポイントの数々をわかりやすく丁寧に解説。内容：坐法編（金剛坐・安楽坐）／準備運動編／基本ポーズ編（弓引きのポーズ・コブラのポーズ・立木のポーズ・逆転のポーズ・その他）／各種技法編（太陽礼拝・3点倒立・その他）／高度な技法、その他。※指導・監修：成瀬雅春

●収録時間60分　●本体4,500円+税

DVD　7つのテーマで完成度アップ

ハタ・ヨーガ Advance

アーサナの効果を高めるコツとは?

健康·美容·精神修養に大きな効果が期待できるハタ・ヨーガ。ポイントとなる7つのテーマと具体的なチェック、修正法の数々で上達の秘訣を学ぶ。内容：身体操作の上達を目指す／プロセスの完成度を高める／レベルに応じた完成度／バランスを極める／意識革命の行法／高度なオリジナル行法／究極のヨーガ／その他。※指導・監修：成瀬雅春

●収録時間58分　●本体4,500円+税

DVD　身心の活性法を学ぶ　**ヨーガ呼吸法** 第１巻

呼吸を知れば心身は変わる!

6つの基本的行法〜核となるテクニックの修得。根源的生命エネルギーをコントロールするヨーガの呼吸法を紹介。内容：安楽呼吸法／征服呼吸法／頭蓋光明浄化法／1対4対2の呼吸法／完全呼吸法／その他★特別対談　フリーダイビングメダリストが語るヨーガの魅力「成瀬雅春×」高樹沙耶　※指導・監修：成瀬雅春

●収録時間51分　●本体4,286円+税

DVD　身心の活性法を学ぶ　**ヨーガ呼吸法** 第２巻

呼吸を知れば心身は変わる!

高度な上級的行法〜繊細な体内制御法を学ぶ。内容：ノドの開閉能力を高める·呼気をノドで分断する技法·その他／浄化呼吸法／ふいご呼吸法／体内呼吸法／冷却呼吸法／超絶技法（片鼻での頭蓋光明浄化法·ノドの開閉を伴う頭蓋光明浄化法·片鼻でノドの開閉を伴うふいご呼吸法·その他）※指導・監修：成瀬雅春

●収録時間47分　●本体4,286円+税

DVD　身体覚醒の秘法　**クンダリニー・ヨーガ**

最高度に完成された潜在力開発の究極テクニック

普段は尾てい骨部周辺に閉じ込められた膨大なエネルギーを高度な肉体操作で覚醒させる「クンダリニー・ヨーガ」。この実践法を成瀬雅春師が遂に映像で公開!　段階的かつ緻密で安全な成瀬式行法の数々は、自分の能力を本気で目覚めさせたい人に是非実践して欲しい内容です。

●収録時間78分　●本体5,000円+税

DVD　挫折しない、呼吸法と瞑想法　**心は鍛えられる**

ヨーガ行者の王・成瀬雅春の集中力と対処力の身につけ方

筋肉を鍛えるように、心もヨーガの呼吸法と瞑想法でトレーニング出来ます。本 DVD では、成瀬雅春師が、その秘訣を惜しみなく公開。分かりやすい段階的レッスンで、今まで挫折した人でも無理なく、確実に学んでいけます。「気持ちが落ち着き」「集中力が身に付き」「正しい判断が出来る」ようになり、ビジネス、恋愛、対人関係が着実に好転!

●成瀬雅春 著　●四六判　●288頁　●本体 2,000 円+税

Magazine

武道・武術の秘伝に迫る本物を求める入門者、稽古者、研究者のための専門誌

月刊 秘伝

古の時代より伝わる「身体の叡智」を今に伝える、最古で最新の武道・武術専門誌。柔術、剣術、居合、武器術をはじめ、合気武道、剣道、柔道、空手などの現代武道、さらには世界の古武術から護身術、療術にいたるまで、多彩な身体技法と身体情報を網羅。毎月14日発売(月刊誌)

A4 変形判　146 頁　定価：本体 917 円+税
定期購読料 11,880 円

月刊『秘伝』オフィシャルサイト

古今東西の武道・武術・身体術理を追求する方のための総合情報サイト

WEB 秘伝

秘伝　検索

http://webhiden.jp

武道・武術を始めたい方、上達したい方、そのための情報を知りたい方、健康になりたい、そして強くなりたい方など、身体文化を愛されるすべての方々の様々な要求に応える
コンテンツを随時更新していきます!!

秘伝トピックス

WEB秘伝オリジナル記事、写真や動画も交えて武道武術をさらに探求するコーナー。

フォトギャラリー

月刊『秘伝』取材時に撮影した達人の瞬間を写真・動画で公開!

達人・名人・秘伝の師範たち

月刊『秘伝』を彩る達人・名人・秘伝の師範たちのプロフィールを紹介するコーナー。

秘伝アーカイブ

月刊『秘伝』バックナンバーの貴重な記事がWEBで復活。編集部おすすめ記事満載。

道場ガイド

情報募集中！カンタン登録！

全国700以上の道場から、地域別、カテゴリー別、団体別に検索!!

行事ガイド

情報募集中！カンタン登録！

全国津々浦々で開催されている演武会や大会、イベント、セミナー情報を紹介。